海大职教探索

（2022）

——专业发展与内涵建设

上海海事大学高等技术学院　继续教育学院
上海港湾学校　编

西北工业大学出版社
西　安

图书在版编目（CIP）数据

海大职教探索.2022：专业发展与内涵建设 / 上海海事大学高等技术学院，继续教育学院，上海港湾学校编.一西安：西北工业大学出版社，2023.11

ISBN 978-7-5612-9103-0

Ⅰ.①海… Ⅱ.①上… ②继… ③上… Ⅲ.①高等职业教育－中国－文集 Ⅳ.①G718.5-53

中国国家版本馆CIP数据核字（2023）第234455号

HAIDA ZHIJIAO TANSUO（2022）—— ZHUANYE FAZHAN YU NEIHAN JIANSHE

海大职教探索（2022）——专业发展与内涵建设

上海海事大学高等技术学院 继续教育学院 上海港湾学校 编

责任编辑：万灵芝 **策划编辑**：张 炜

责任校对：李文乾 **装帧设计**：李 飞

出版发行：西北工业大学出版社

通信地址：西安市友谊西路127号 邮编：710072

电　　话：（029）88491757，88493844

网　　址：www.nwpup.com

印 刷 者：西安五星印刷有限公司

开　　本：710 mm×1 000 mm 1/16

印　　张：14.875

字　　数：227千字

版　　次：2023年11月第1版 2023年11月第1次印刷

书　　号：ISBN 978-7-5612-9103-0

定　　价：78.00元

前言

PREFACE

2022年我国新修订的《中华人民共和国职业教育法》（简称《职业教育法》）开宗明义指出，“职业教育是与普通教育具有同等重要地位的教育类型”，正式确定职业教育在我国教育体系中是一个单独的教育种类。

为贯彻落实新修订的《职业教育法》，上海海事大学高等技术学院、继续教育学院、上海港湾学校抓住职业教育大发展的机遇，以深化教学改革为主线，积极调整和优化教育布局；聚焦内涵和特色，围绕管理能力提升、职业教育立交桥构建、师资队伍素质提升及社会服务能级提升，培育具有竞争优势的品牌专业及特色专业群，创办特色职业教育。

近年来，上海海事大学在“正三观、强基础、精课堂、提技能”新办学理念的引领下，以学生全面成才为目标，以提高教育教学质量为核心，抓住机遇，不断创新，积极推进学校内涵建设。学校教职员工在实践中积累了丰富的职教经验，形成了一系列富有成效的研究成果。现将这些经验和成果汇编成《海大职教探索（2022）——专业发展与内涵建设》一书，旨在为职业教育的发展拓展思路，为广大职业教育工作者提供借鉴。

本书主要包括“正三观”“强基础”“精课堂”和“提技能”四个方面，紧密结合近年来港口航运类职业教育科学研究等方面的热点、难点和重点问题，通过研究分析，提出了解决这些问题的思路、方法和路线等。本书所展示的职业教学科学研究成果，对港口航运类职业教育发展具有一定的指导意义和参考价值。

编　者

2023年6月

目录

CONTENTS

教学诊改背景下中等职业学校内部质量保证体系建设探讨

——以上海港湾学校为例

严南南　王丽华　葛江伟

摘　要：职业学校教学工作诊断与改进制度建设是高素质技能人才培养的保障，开展内部质量保证体系诊改工作是提高学校教育质量的有力抓手。以上海港湾学校内部质量保证体系建设的探索与实践为例，介绍了学校内部质量保证体系建设的基础工作、诊断与改进工作成效以及进一步举措。

关键词：教学诊改　内部质量保证　目标链　信息链

2015年以来，教育部相继出台了关于职业院校开展教学工作诊断与改进工作的相关通知，上海市发布了《上海市中等职业学校教学工作诊断与改进实施方案》，要求各院校建立常态化的诊改制度，加强教学工作质量诊改。2021年10月，中共中央办公厅、国务院办公厅印发了《关于推动现代职业教育高质量发展的意见》，再次强调“完善质量保证体系”“推进职业学校教学工作诊断与改进制度建设”。多数院校构建的内部质量保证体系框架涵盖了决策指挥、质量生成、资源建设、支持服务、监督控制5个纵向系统和学校、专业、课程、教师、学生5个横向层面；各院校的发展水平和办学实际存在差别，需要结合校情，构建适合自身发展的内部质量保证体系。以下主要介绍上海港湾学校内部质量保证体系建设的探索与实践。

一、学校内部质量保证体系建设基础工作

（一）学校组织架构构建

学校组织体系上已根据诊改工作要求，以教学质量为核心，以改进提高教学质量为目的，建立了由党委书记、校长担任双组长统筹、校办全面协调内部质量保证体系的“纵向五系统”，如图1所示。学校建立了角色明确、职责明晰的“校长—职能科室—专业”三级督导机制，组建了由校领导、教务科、各教学部主任和教学督导构成的教学督导组。

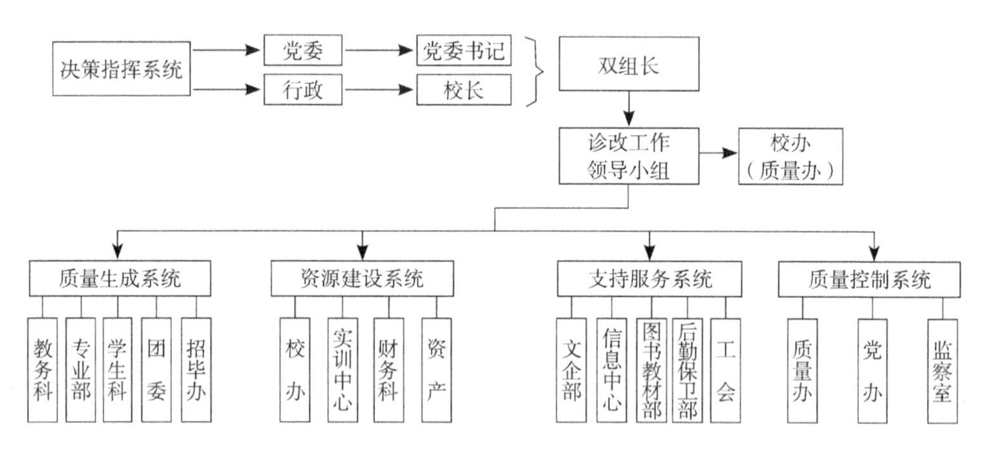

图1　学校职能部门在“纵向五系统”中的定位

（二）学校“两链”打造

学校按照《国家职业教育改革实施方案》等文件精神，为实现学校培养“高素质港口航运职业技能人才”的办学目标，促进各项工作科学、稳定、可持续发展，更好地服务区域经济和社会发展，结合学校实际，制定了上海港湾学校职业教育“十四五”发展规划及年度党政工作要点。各科室、专业根据学校的总规划及党政工作要点，结合各自的工作职能，确定了科室、专业的发展规划及年度工作计划，学校形成了由“学校‘十四五’规划—各科室、专业

‘十四五’规划—各科室、专业年计划—各课程‘十四五’规划—各课程年计划”构成的目标链，如图2所示。

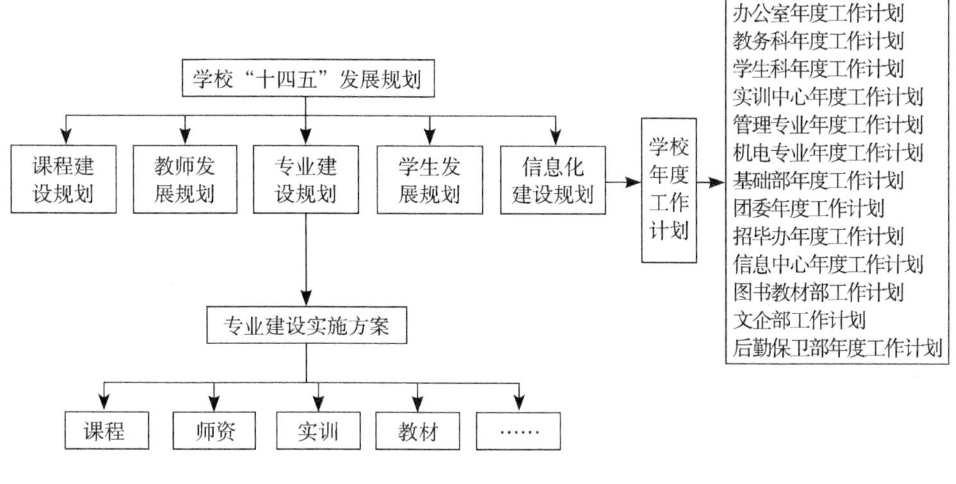

图2 学校目标链示意图

学校在各部门厘清职责、优化岗位的基础上，按照决策指挥、质量生成、资源建设、支持服务、质量控制纵向五系统功能，梳理了各系统中的职责—工作—标准，专业—课程标准系列如图3所示。

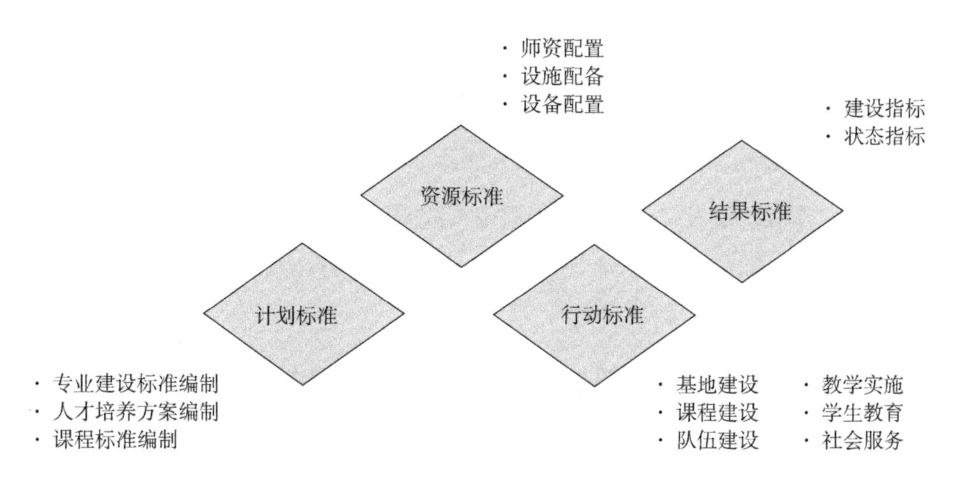

图3 专业—课程标准系列示意图

二、学校内部质量保证体系诊断与改进工作成效

学校充分对接“十四五”规划建设目标，逐步落实“正三观、强基础、精课堂、提技能”的办学理念，近两年修订管理制度108 篇，新增制度11 篇，废除制度15 篇。

出台《上海海事大学高等技术学院、继续教育学院、上海港湾学校教职工职业素质提升实施办法》，2022年教职工参加各类学习培训85人，人均学习培训量达到150学时；“港口起重机械操控调试实训”课程教学团队荣获上海市课程思政示范团队立项。

专业建设强化“提技能”工作，以赛促教、以赛促学，调整人才培养方案，持续推动课程思政、产教融合等项目的建设。加大“强基础”实施力度，学生语文、数学、英语市级学业水平统测合格率均达到95%以上。推进1+X证书试点工作，物流管理1+X证书实训考试环境在建，机电专业“桥吊远程操作司机”1+X证书制度试点工作也在逐步推进。机电专业在中国港口协会成功立项《岸边集装箱起重机远程操作司机职业技能评价要求》团体标准课题，为智慧港口港机远程操作高技能型人才培养提供支持。

学校教学督导组年度线上线下听课总数约150人次，实现专职和兼职教师听课全覆盖。2021级学生开展习近平新时代中国特色社会主义思想读本学习，“港口起重机械操控调试实训”项目入围“上海市课程思政教学示范课程”。

招生工作取得重大突破，2022年招生人数同比提升134%，在校生规模提升37个百分点；毕业生就业率为17.1%，升学率为82%，合计99.1%，达到历史最高水平。

三、学校内部质量保证体系建设进一步举措

（一）加强学校管理制度建设

学校管理制度能约束、规范、激励和引导全校教职工及学生的行为和发展

方向，推进学校教育可持续发展。对照国家及上海市相关文件要求，结合学校工作实际，以教学质量为核心，对学校教学及保障管理制度进行完善、补充和修订，建设系统完备、科学规范、运行有效的现代学校制度体系。

（二）建立规划落实与反馈机制，科学打造目标链，精准构建标准链

针对专业发展、师资与教学管理、实验实训建设、学生心理健康与素质养成、学生社团建设与服务、行政管理、校园环境建设与后勤保障、校企合作、校园安全建设、数字化校园建设等学校发展的方方面面，将规划任务落实完成并进行过程数据的实时采集，开展基于数据分析的规划目标执行、分析、反馈与改进，形成规划执行信息链，根据生成的信息流，编制规划执行年度报告；依据报告结论不断修正目标链，步步逼近规划目标，确保实现规划目标，高质量地完成各项建设任务。

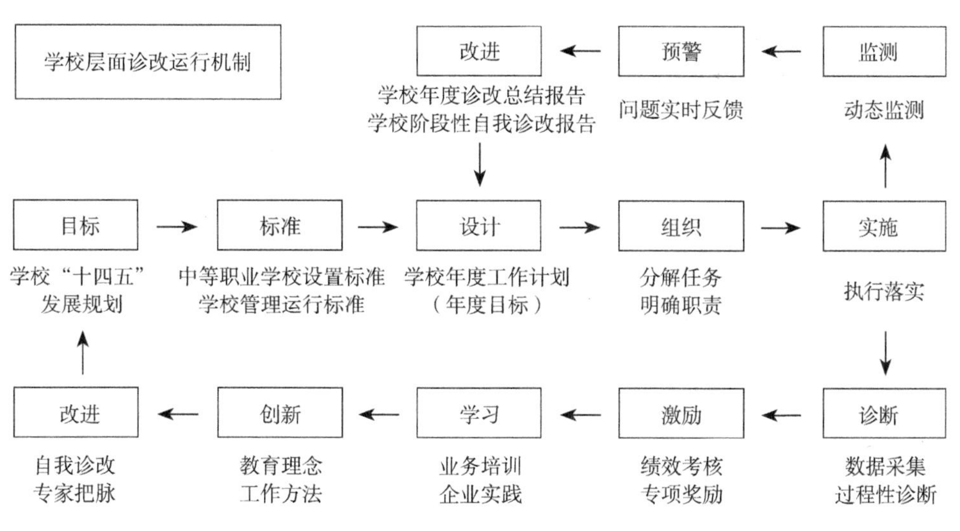

图4　学校层面诊改运行机制

以学校办学理念、发展定位、“十四五”规划为依托，整理学校现有各类标准，对照国家标准、教育行业标准等完善覆盖学校、专业、教师、课程、学

生各层面的目标标准、考核标准、评价标准、绩效标准和保障标准。

（三）通过目标考核与奖惩激励，推进学校改革创新、内涵发展

通过学校内部质量保证体系的运行推动，增强各部门“创新、质量、品牌”意识。明确诊改工作与绩效考核工作相结合，以考核性自我诊断与改进促进全员、全过程、全方位质量保证体系的有效运行，不断完善质量保证制度，构建更具内聚力和创新力的常态化诊断与改进工作机制。

质量是学校得以生存与发展的关键因素。只有建立健全内部质量保证体系，才能实现学校教育高质量发展、特色化发展。学校在实际工作中，应通过合理的顶层设计、管理机制的建立健全和现代信息技术的合理运用等措施，完善内部质量保证体系诊改运行机制，推动内部管理与学校建设的发展，实现学校人才培养质量的持续提升。

参考文献：

[1] 陈悦丽.中职学校内部质量保障体系研究与实践[J].中国职业技术教育,2017(14):42-46.

[2] 范建明,范建玲.基于教学诊改视阈下内部质量保证体系探索[J].桂林师范高等专科学校学报,2018(6):147-149.

[3] 张永胜.诊改复核:内部质量保证制度有效运行的机制保障[J].中国职业技术教育,2020(8):93-96.

[4] 符莹,吴燕.中职学校内部质量保证体系建设实践[J].发明与创新(职业教育),2021(6):196-197.

[5] 池云霞,谢园,李新丽.系统观念下职业本科学校内部质量保证体系诊改工作路径探析[J].中国职业技术教育,2021(35):24-29.

“大思政课”实现“八个统一”思路方法初探

王　槊

摘　要：“大思政课”是进入新时代推进思想政治理论课改革发展，更好铸魂育人、立德树人的重要理念和要求，也是加强和改进学校思想政治教育工作的重大理论和实践创新。习近平总书记强调思想政治理论课改革创新必须坚持“八个统一”，只有坚持“八个统一”，才能够实现思想政治理论课改革创新，才能解决学生的思想道德水平现状与新时代中国特色社会主义对人才的要求之间的矛盾。本文立足于习近平总书记在学校思想政治理论课教师座谈会上的讲话精神，分析“八个统一”的理论内涵与实现路径，说明思想政治理论课改革创新的现实可能性。

关键词：大思政课　思想政治理论课　立德树人　改革创新　八个统一

2021年全国两会期间，习近平总书记明确提出“‘大思政课’我们要善用之，一定要跟现实结合起来”。这一重要论述为进一步深化新时代思想政治理论课改革创新提供了重要遵循。善用“大思政课”，必须领悟其理论要义，明确其实践导向，落实其创新举措，打通“思政小课堂”同“社会大课堂”之间的壁垒。党的十八大以来，习近平总书记高度重视思想政治教育，他在讲话中不断强调思想政治教育理论课的重要意义。他在2019年3月18日召开的学校思想政治理论课教师座谈会讲话中强调，思想政治理论课是解决培养什么人、怎样培养人、为谁培养人的主要途径，是落实立德树人根本任务的主要途径，必须办好思想政治理论课；而办好思想政治理论课就需要解放思想、与时俱进，就需要改革创新，就需要坚持政治性和学理性相统一；坚持价值性和知识性相统一；坚持建设性和批判性相统一；坚持理论性和实践性相统一；坚持统一性和多样性相统一；坚持主导性和主体性相统一；坚持灌输性和启发性相统一；坚持显性教育和隐性教育相统一。习近平总书记讲话既是对思想政治教育规律的深刻把握，也是对“理论创新、实践创新、制度创新、文化创新”思想的运用与发展，为新时代思想政治教育创新指明了方向。

思想政治教育的目标是立德树人，思想政治理论课是落实立德树人根本任务、实现思想政治教育目标的关键课程，也是解决学生的思想道德水平现状与新时代中国特色社会主义对人才的要求之间的矛盾的主要途径。因此，思想政治理论课作为思想政治教育的主要承担者体现着思想政治教育的本质与目的。我们认为新时代思想政治教育创新发展路径，是在对政治性和学理性、价值性和知识性、建设性和批判性、理论性和实践性、统一性和多样性、主导性和主体性、灌输性和启发性、显性教育和隐性教育八对矛盾的认识与解决中产生的，具体体现在思想政治理论课教学实践中。这八对矛盾的提出是对思想政治教育的本质、目的、原则和方法等方面认识的深化，是对思想政治教育规律的深刻把握，只有保持这八对矛盾之间必要的张力，才能够真正实现新时代思想政治教育创新发展。

一、政治性和学理性

思想政治理论课的本质属性是政治性与学理性、科学性的有机统一。思想政治理论课的政治性要以学理性、科学性为前提，学理性、科学性要以政治性为导向，缺乏政治性的学理性与科学性是没有方向、盲目的，缺乏学理性、科学性的政治性则是没有内容、空洞的。思想政治理论课的独特性就在于其为了维护统治阶级意志的政治性，体现了思想政治理论课的阶级性，贯穿于思想政治理论课的始终；思想政治理论课的政治性是建立在学理性与科学性之上的，学理性与科学性是政治性的基础，没有思想政治理论课的科学性，就不能反映人的全面发展的要求，就不能说明社会发展的规律性与代表最先进的生产力，就不能在青少年“拔节孕穗期”给予正确的引导与栽培，政治性也就无法实现。因此，必须正确地把握思想政治理论课的政治性与学理性、科学性在理论与实践中的统一，反对任何割裂三者关系的思想与行为。

由此可见，坚持思想政治理论课的政治性与学理性、科学性的统一，就是坚持思想政治理论课性质、面貌的政治性，就是坚持思想政治理论课自身发展的学理性与科学性。这就要求我们在思想政治理论课教学中既要保持其鲜明的政治性特征，体现无产阶级的意识形态，又要坚持思想政治理论课自身发展的规律，体现其促进人的全面发展的学理性、科学性。只有这样，才能推动思想政治理论课进行改革创新。

二、价值性和知识性

新时代思想政治教育的根本任务是立德树人，是培养德智体美劳全面发展的社会主义建设者和接班人。因此，思想政治教育要体现两个方面，即价值性与知识性。所谓价值性，就是用新时代中国特色社会主义思想铸魂育人，引导学生增强中国特色社会主义道路自信、理论自信、制度自信、文化自信，厚植爱国主义情怀，把爱国情、强国志、报国行自觉融入坚持和发展中国特色社会主义事业、建设社会主义现代化强国、实现中华民族伟大复兴的奋斗之中。所谓知识性，就是思想政治理论课要发挥“传道授业解惑”的作用，立足于马克思主义理论体系，联系实际、研机析理、解疑释惑，努力把教材讲全、讲透、讲实，使学生全面领会教材精神，准确把握教材提出的理论体系与理论观点。

思想政治理论课内在地包含着价值性和知识性的统一，这个统一是通过思想政治理论课的双重作用体现出来的：思想政治理论既对学生进行马克思主义理论的教育，又引导学生增强中国特色社会主义道路自信、理论自信、制度自信、文化自信，厚植爱国主义情怀，把爱国情、强国志、报国行自觉融入坚持和发展中国特色社会主义事业、建设社会主义现代化强国、实现中华民族伟大复兴的奋斗之中，使学生既能用马克思主义基本原理把握中国社会主义建设的规律与人类社会发展的规律，又能够树立马克思主义的世界观、人生观、价值观，用马克思主义的立场、观点和方法来分析问题、解决问题。也就是说，“思想政治理论课寓马克思主义及其中国化成果的知识性传授于马克思主义的价值性引领之中，寓马克思主义的价值性引领于马克思主义及其中国化成果的知识性传授之中”。由此可以看出，思想政治理论课必须坚持价值性与知识性的统一，这既是思想政治理论课的基本原则，也是中国特色社会主义理论发展的必然要求。

三、建设性和批判性

思想政治理论课的政治性与学理性、价值性与知识性之间的辩证统一具体体现在思想政治理论课的建设性与批判性相结合的教学实践活动中。所谓批判性，就是用马克思主义理论对各种错误思潮、错误观点进行分析与评判。所谓建设性，是指坚持不懈传播马克思主义科学理论，抓好马克思主义理论教育，为学生一生成长奠定科学的思想基础；坚持不懈培育和弘扬社会主义核心价值观，引导广大师生做社会主义核心价值观的坚定信仰者、积极传播者、模范践行者；用新时代中国特色社会主义思想铸魂育人，引导学生增强“四个自信”，不断提高学生的思想水平、政治觉悟、道德品质、文化素养，让学生成为德才兼备、全面发展的人才。如果说思想政治理论课的目的是建设性地立德树人，那么根本途径则是通过批判性地分析当前各种社会现实问题及其背后的错误思潮，发现并解决思想政治理论课存在的主要矛盾——学生的思想道德水平现状与新时代中国特色社会主义对人才的要求之间的矛盾。这一矛盾是当前制约思想政治理论课有效性的主要矛盾，如何通过批判性达到建设性则是解决这个矛盾的关键。因此，批判性在思想政治理论课的实践教学中具有举足轻重的地位。

四、理论性和实践性

习近平总书记在纪念马克思诞辰200周年大会上的讲话中指出，马克思主义是科学的理论、人民的理论、实践的理论、不断发展的开放的理论。由此决定了思想政治理论课必然具有理论性与实践性，是理论性与实践性的统一。

思想政治理论的理论性是前提和基础。这就要求思想政治理论课做到进教材、进课堂、进头脑，把教材的逻辑体系转化为课堂教学的话语体系，再转化为学生能够清晰思考、清晰表达的知识体系。在这些层层的转换中，不仅要让学生知其然，还要让学生知其所以然，这就需要坚持理论的明晰性与彻底性。只有让学生透彻地掌握理论，理解理论逻辑前进的必然性，把外在的理论内化为内在的世界观、人生观、价值观，内化为心理结构与行动的动机，才能保证其有正确的政治方向与政治觉悟，才有可能使其在思想上转化为实践的动力，使其自觉地认同马克思主义理论与中国化最新理论成果，认同新时代中国特色社会主义道路，才能自觉投身于建设社会主义现代化强国、实现中华民族伟大复兴的奋斗之中。

习近平总书记在学校思想政治理论课教师座谈会上强调：“要坚持理论性与实践性相统一，用科学理论培养人，重视思想政治理论课的实践性，把思政小课堂同社会大课堂结合起来，教育引导学生立鸿鹄志，做奋斗者。”这充分说明思想政治理论课的理论性与实践性是辩证统一的，思想政治理论课立德树人的教育目标的实现，既体现在马克思主义理论与中国化最新理论成果的灌输中，也体现在能够运用马克思主义的立场、观点分析问题、解决问题的建设者与接班人的培养中。对思想政治理论课的理论性与实践性统一的论述既说明党对新时代思想政治教育规律的深刻领会和把握，也体现了新时代思想政治教育创新路径的可能性。这突破了以往单纯以马克思主义理论灌输为目的的人才培养方式，把理论与实践相结合，强调理论联系实际、实事求是，最终实现知行合一的人才培养模式和立德树人的教育目标。

五、统一性和多样性

习近平总书记在学校思想政治理论课教师座谈会上强调：“办好思想政治理论课，最根本的是要全面贯彻党的教育方针，解决好培养什么人、怎样培养人、为谁培养人这个根本问题。”同时强调，“推动思想政治理论课改革创新，要不断增强思想政治理论课的思想性、理论性和亲和力、针对性”，并提出了“八个统一”的思想，其中就坚持统一性和多样性相统一来说，表现为“落实教学目标、课程设置、教材使用、教学管理等方面的统一要求，又因地制宜、因时制宜、因材施教”。

管理体制的统一性必须与改革创新的多样性结合起来。习近平总书记在十九大报告中指出：“世界每时每刻都在发生变化，中国也每时每刻都在发生变化，我们必须在理论上跟上时代，不断认识规律，不断推进理论创新、实践创新、制度创新、文化创新以及其他各方面创新。”在党委统一领导的思想政治理论课教学管理体制下要坚持理论创新、实践创新、思维创新，推动思想政治理论课改革创新不断深入，实现“八个统一”。思想政治理论课教学管理体制是改革创新的方向保障，改革创新是管理体制的动力支持。在思想政治理论课的教学过程中，既要坚持管理体制的统一性，保持社会主义教育的方向、目标，又要坚持改革创新，改革思想政治理论课学科体系、教材体系中不利于提高思想政治理论课思想性、理论性、针对性的观点与方法，特别是要及时更新其中的具体的教育方式、教育内容与教育理念，做到“八个统一”，保证思想政治理论课教学工作健康发展、稳步前进。

六、主导性和主体性

在思想政治理论课的课堂教学中，长期存在着忽视学生的主体性、忽视学生的主观能动性和创造性的错误倾向，同时也存在着忽视教师主导作用的错误倾向，这两种错误倾向归根结底是没有认清楚思想政治理论课教学的特殊性与规律性，没有把握住思想政治教育的本质与规律。我们应该认识到思想政治理论课教学离不开教师的主导，同时要加大对学生的认知规律和接受特点的研究，发挥学生主体性作用。教师的主导性与学生的主体性两者之间是辩证统一的，共同存在于思想政治理论课的课堂教学中。

办好思想政治理论课关键在教师，关键在发挥教师的积极性、主动性、创造性。思想政治理论课教师，要给学生心灵埋下真善美的种子，引导学生扣好人生第一粒扣子。思想政治理论课教师的主导性作用主要体现在三个方面：知识的传授、价值的引导与人格的熏陶。知识的传授就是使学生理解和掌握马克思主义的基本立场、观点与方法，掌握中国化马克思主义理论最新成果，掌握中国特色社会主义发展规律乃至人类社会发展规律；价值的引导就是要使学生树立正确的政治信仰，继承和发展民族精神，充分体现时代精神，在大是大非面前保持政治清醒和保持家国情怀；人格的熏陶就是通过教师的言行一致、知行合一的高尚人格给学生树立人格的榜样，使学生形成堂堂正正的人格，自觉弘扬主旋律，积极传递正能量。

在强调思想政治理论课教师主导性作用的同时，也要强调学生的主体性，强调学生的主观能动性和创造性。习近平总书记2018年5月2日在北京大学师生座谈会上的讲话中指出：“大学是立德树人、培养人才的地方，是青年人学习知识、增长才干、放飞梦想的地方。”立德树人的目标能否实现，关键要看教师的主导性的引导，重点要看学生的主体性、能动性与创造性的发掘与培养。

教育的特殊性就在于教育的对象是具有主体性的人，有自己的理智与感情，有独立的人格与心理。思想政治理论课要认真分析学生的生理、心理发展特征、发展阶段、发展过程，采取有针对性的方法与措施，才能调动学生的积极性与创造性，才能最大限度地实现思想政治理论课的教育目标、落实社会主义教育方针。那种无视学生主体性的教育思想与教育理念本身就是由于对思想政治教育理念与教育规律的认识与把握不足产生的，无法有效地落实社会主义教育方针和政策，无法实现立德树人的教育目标。

七、灌输性和启发性

思想政治理论课的灌输性与启发性是思想政治理论课教师主导性与学生主体性理念的外在表现，主导性与主体性辩证统一的教育理念决定了思想政治理论课必须坚持灌输性与启发性相结合的教育方式、教育方法。在思想政治理论课的教学中长期存在着以灌输性为主的教学方式、教育方法，这和把思想政治理论课知识化及把思想政治理论课的教育对象看作教育客体的教育理念是分不开的。把思想政治理论课看作知识传授和价值引导相统一与把教育对象看作主体的教育理念的更新必然会带来教育方式、教育方法的更新，必然会带来灌输性教育与启发性教育相结合的教育方式、教育方法。

如果说灌输性无视教育对象的主体性而仅仅只是把作为知识的思想政治理论课的教材体系灌输进学生的头脑的话，那么启发性则立足于教育对象自身的能动性与创造性，引导学生发现问题、分析问题、解决问题，通过摆事实讲道理的形式既对学生进行了思想政治理论的灌输，又对学生进行了意识形态的引导，思想政治理论课的启发性可以消除灌输性所带来的问题，弥补灌输性的不足，有利于培养学生独立分析问题、解决问题的能力，特别是分辨大是大非的政治智慧。把思想政治理论课灌输性与启发性相结合有利于知识传授与价值引导，有利于在学理性中树立正确的政治方向，有利于更新教育理念、提升思想政治理论课的有效性，有利于实现社会主义的教育目标与实现人的全面发展。

八、显性教育和隐性教育

思想政治教育途径是实现思想政治教育目标，落实社会主义教育方针的基本路径，直接决定着思想政治教育的教育方式、方法与教育效果。显性教育与隐性教育是思想政治教育的两个基本途径。显性教育是以教师的主导性为主的教育形式，是以思想政治教育的学理性、知识性、理论性、科学性为基础，以公开的、专门的、强制性的灌输为主要方式、方法，发挥教师的积极性、主动性、创造性的教育模式，在以往重知识传授和轻教育主体性的教育理念支配下，显性教育模式一直是进行思想政治教育的主要途径，思想政治理论课是主要渠道。随着社会经济的不断发展，教育理念的不断完善，显性教育在取得巨大成就的同时也暴露出不足，主要体现在显性教育的主观性色彩较浓，强制性特征较重，因此其思想政治有效性有限。隐性教育是相对于显性教育的不足而发展起来的教育方式，所谓隐性教育就是把思想政治教育的具体内容通过包括专业课程在内的社会生活的各个领域间接地渗透进学生的学习和生活中，使学生在不知不自觉中、在潜移默化中受到思想政治教育。隐性教育是以学生的主体性为主的教育形式，以思想政治教育的政治性、价值性、实践性为基础，以间接地、参与性的启发为主要方式、方法，发挥学生的积极性、主动性、创造性的教育模式，在重视德育价值引导与重视教育主体性的新的教育理念的支配下，隐性教育逐渐成为思想政治理论课的重要补充。在显性教育与隐性教育的关系中，一定要注意两者的互相配合，缺一不可，要做到显性教育和隐性教育相统一，充分挖掘其他课程和教学方式中蕴含的思想政治教育资源，实现全员全程全方位育人。

显性教育与隐性教育是思想政治教育中相辅相成的两个基本途径，二者互相联系、互为补充，共同促进思想政治教育有效性的提高与立德树人的教育目标的实现。二者从不同角度、不同方面以不同的方法和方式进行思想政治教育，犹如车之两轮、鸟之两翼，不可分离。思想政治教育就是通过这两个途径把思想政治理论课与其他课程和教学方式中蕴含的思想政治教育资源挖掘出来，实现全员全程全方位育人。思想政治教育只有坚持显性教育与隐性教育相结合才能把灌输性与启发性相结合，创造良好的教育氛围；思想政治教育只有坚持显性教育与隐性教育相结合才能把思想政治教育的实效性与有效性相结合，最终实现立德树人的教育目标。

参考文献：

[1] 董朝霞.思想政治理论课坚持价值性与知识性相统一论析[J].思想理论教育,2019(6):63–67.

[2] 冯刚,朱宏强.深刻把握思想政治理论课价值性和知识性相统一的功能作用[J].思想政治课研究,2019(2):1–3.

[3] 陈锡喜,刘伟.论高校思想政治理论课建设性和批判性的统一[J].思想理论教育,2019(5):16–21.

[4] 曹洪军.论高校思想政治理论课的理论性与实践性[J].思想理论教育,2016(5):68–71.

基于负面清单制度的中等职业学校师德师风考核评价指标分析

周立希

摘　要： 中等职业学校因发展定位、办学目标、师资能力等因素，在推进师德师风考核和失范行为理论与实践研究工作方面，落后于以科研为主的高校和以管理为主的中小学。体系交错、指标混乱、逻辑不清、表达不力是中等职业学校政策理论研究与实践的普遍现象。本文通过对存在问题的研究、考核指标的分析、体系结构的设计和失范行为的界定，研究探索中等职业学校师德师风考核评价体系，以期能够为中等职业学校师德师风建设提供参考。

关键词： 师德　负面清单制度

一、绪论

立德树人是当代教师的首要职责和根本任务，师德师风是学校发展建设和履行社会责任的前提保证。习近平总书记在北京大学师生座谈会上强调："评价教师队伍素质的第一标准应该是师德师风。师德师风建设应该是每一所学校常抓不懈的工作，既要有严格制度规定，也要有日常教育督导。"

良好师风的形成是一个渐进的过程，师德建设更是一项长期而艰巨的工程，不可能一蹴而就，必须建章立制，完善体系，实行科学分级和长效管理。

二、中等职业学校师德师风考核方面存在的主要问题

中等职业学校在相关管理政策上一直是参照中小学执行，但是中等职业学校特有的体制问题，使得其与中小学在执行力度上一直有明显的区分。例如，中小学以升学为目的，中等职业学校以就业为导向；中小学育人以管理为主，中等职业学校育人以引导为主；中小学教师类型单一，人事管理容易，中等职业学校外聘教师较多，理论、实践、行业、企业等品种多样，属地化管理弊端较多；中小学主管单位为教委所属区县教育局等，中等职业学校则有行业所属、企业办学、区县教育局管理等，诸如此类问题使得中等职业学校的制度和体制难以有效地达到统一。在落实文件精神和执行工作要求上，各自从各校实际情况出发，难免形成参差不齐的局面，行业办学、企业办学、集团管理、教育局管理的学校因其本身的基础性体制差异造就了政策执行的杂乱性，往往都是相互取经、相互借鉴、相互补充。

但是，在师德师风建设方面，中等职业学校还是有一些突出的共性问题存在的。

（一）形式化现象严重

有的学校管理制度形同虚设，为检查而立制度、创文件、写方案，实际工作中依然按照固有模式或领导思路进行处理，表里不一，加重了政策文件的形式化和随意化。中等职业学校政策文件的形式化和随意化的成因，主要有以下三种：

第一，主体制度。很多中等职业学校缺乏独立的工作体制，囿于各种管理制度影响，难以真正落实教委工作要求。有的学校办学经费由教委拨款，但组织安排归属于行业或企业，不从属于教育局，上级领导单位较多，负责人事任命的主管单位最具有话语权。主管单位是教育体制内的，比如高校，那么就要以高校的具体工作要求来指导中等职业学校的发展建设，既要符合高校思路，

又要完成教委职校任务，最终的结果往往就是一个形式化的平衡方案，方案以达到教委职教的要求为目的，以符合高校的规定为原则，而不是以不折不扣的落实精神、真抓实干地完成任务为根本出发点。更不用说体制外的企业办学，某些要求和企业的目标利益不一致甚至相悖，最后也只能用“形式上要有”来平衡。

第二，外聘制度。中等职业学校因其特点，外聘教师相对较多。本校师资力量不足以完成教学任务安排或临时任务时，往往需要外聘教师的协助支持，而外聘教师种类和数量的增加会加大管理难度，甚至出现管理无效的局面，往往也只能形式化了事。比如，相对于以往的就业导向和技能培养，近几年学业统测、中高贯通、中本贯通等造成了中等职业学校普遍的语文、数学师资短缺，而普教教师又不能成为补充来源，那么各校一致的外聘目标就变成了退休教师，每学期的基础课主讲教师安排对中等职业学校来说都是一场没有硝烟的关系战。在这种情况下，部分管理制度和文件的执行就会变成一个问题，最后演变成走过场。除了基础课教师外，中等职业学校一般还有特聘外聘教师、外聘专家、外聘学术指导委员会、外聘实训教师、外聘实习指导教师、外聘行业能手等。而这些，在加快学校发展建设、提高办学质量、推进校企合作的同时，多多少少都会带来一些特殊的因素。

第三，人事制度。中等职业学校的教师准入机制各不相同，较为复杂。人事制度的影响主要可以分为两个方面：一是原有基础。中等职业学校教师在20多年前以毕业分配和留校为主，相当于终身合同制，职校教师一般局限于职校体系内流动，且职校生源长期以来都属于社会认知层面的差等生，一直以就业为导向，相对于普教来说，教风、学风都明显有差距。近几年，随着职校发展、人才更迭、教育振兴，较以往有很大的改善，但提升空间依然巨大。二是准入制度。中等职业学校的教师准入制度与上述的体制有关，归属区县教育局的，统一按照区县中小学教师应聘进行，一般应具有本科学历；归属行业主管的，比如高校，则要按照高校的教师准入制度进行招聘，一般应具有博士学位；归属企业的，则一般由企业负责。人员准入制度的不同，造成了各中等职业学校教师层次差异显著，优劣势明显。有的学校擅长科研管理，有的擅长课堂教学，有的擅长技能竞赛，还有的擅长企业实践，从管理的角度来讲，同一个政策会被按不同的维度来执行，职校差异化成为常态。

（二）体系结构不清、职责分配不明

纵观中等职业学校的政策文件，同一文件的写法角度也五花八门：有高屋建瓴型的，重思想如同传道解惑；有脚踏实地型的，重实施如同行军号令；有文字严谨、语言凝练的，有含糊其辞、行文失范的，有以小当大、以偏概全的，有洋洋洒洒、空洞无物的。究其原因，依然同上述体制有关。区县教育局主管的往往会参照以管理为主的中小学执行，高校主管的则以高校思路为主，教育集团的按照集团主体思想操作，企业办学的则以企业核心价值文化为依托。这就造成了文件的体系结构不规范和差异化，例如，区县主管的中等职业学校在设计师德师风考核评价体系时就会向中小学教师日常行为活动倾斜，因其类似；高校主管的中等职业学校就会以大学教师的言行举止为衡量主体，因其校内教师的人事关系在大学。中等职业学校师德师风考评文件体系结构不清，无法做到统一，根本原因是在中等职业学校的主体角色这一点上。

中等职业学校在体系和制度方面相对比较薄弱，主要原因在于没有形成长效机制。相对普教而言，无论是从管理育人、服务育人还是文化育人的角度讲，职校更像是弱势群体，组织力和执行力相对较弱，管理上效力不足，服务上思想不到位，文化上内涵缺乏，由此产生的表象就是科学原则性不强。因此，在涉及师德师风这一本身就抽象且难以衡量的道德内容时，中等职业学校的建设思路往往会显得管理不清、职责不明。从上到下，多部门齐抓共管的结果往往就是你做你的一块，我做我的一块，职能分不清，沟通没成效，决策不统一，责任不到位。

（三）意识形态缺乏正确引领

从行政管理层面来看，缺乏正确的认知意识。往往将师德师风建设看作党委宣传的一部分，认为这项工作务务虚即可。表面上高谈阔论，执行时轻拿轻放，只有事情捂不住的时候才不得不照章办事。因此，无论是原则制定还是流程设计等都只要符合上意就行，可编可造，对于临时性的工作任务，找个部门找个人交代一下，成立个工作小组，完成个组织架构，形成管理办法和实施细则，这工作就算落实到位了。

从教师层面来看，缺乏主体参与意识。一方面认为这是行政的事，不需要参与，反正行政说怎么办就怎么办，按规定执行；另一方面认为这些“形式上的东西”不重要，自己人为难自己人何苦来哉，犯了错、失了范自有法律法规。因此，在设计、监督、执行、评定上，表面上的态度表现为不支持不反对、不主动不拒绝，实际上则是不在乎、不上心。

（四）教师职业特色不突显

职校教师的一个缺点是职业特色不够明显，换句话说，就是缺乏教师本身的核心素养和价值内涵，现实表象为在岗不爱岗、从业不敬业、教书不育人。

在岗不爱岗，在青年教师中较为普遍，某些职校青年教师缺乏理想和信念，将中等职业学校教师岗位当作一项普通工作，注重沟通力、理解力、团队合作等职业核心能力的提升，却常常忽视教师角色本身的崇高理想信念和神圣目标职责。“一切为了学生，为了一切学生”成为一句常挂嘴边表态却从未进驻心间笃志的口号。

从业不敬业，在中年教师中较为普遍，某些职校中年教师上班就是为了薪水，在提高教学质量上不求上进，在改进教学方法上不思进取，不能够以学生为本、因材施教，只顾自己上完课，完成工作量，领取工资。同时因为职校考核评价机制不健全，或者奖惩运用机制调节不合理，无法体现出敬业与不敬业的差别。

教书不育人，在老年教师中较为普遍，某些老教师能够恪守本分，做到以课堂教学为本，但是上课来、下课走，不管学生缺勤、迟到，关心学生的学业成绩，但不关心学生的思想情绪和心理健康，关心一道证明题的对错、一个知识点的归纳，但不在乎学生自信心的建立、能力的培养及人生道路上的成长，固执严苛，只教书不育人，能够承担教师专业责任，但忽视了教师道德责任。

（五）方案体系不健全、指标设计不合理

在职校的师德师风建设中，除了氛围之外，体系制定和指标设置的不合理也是一个相当普遍的问题，有的学校体系明显有缺失。比如，为了操作方便，把容易量化的是否在岗、是否出席会议、按时批改作业、按时提交教学资料、学术科研论文发表等定为主要考核指标，而把不容易衡量的科学道德、社会责任感、群众基础、价值示范等定为次要指标或低权重指标，刚性约束和柔性要求设置不平衡，评级体系片面化。

三、中等职业学校师德师风考核负面清单制度分析

负面清单制度的提出是师德师风建设和发展过程中的一个重要转折点。

在以往，我国涉及教师职业道德的评选都是以正面倡导为主的，这种评价是柔性的，是在一群优秀的教师之中选拔更优秀的，然后树立模范典型，通过价值引导和社会宣传，弘扬和发展师道精神，冀望能够起到引领同行、激励同事、教导学生、提振教育的作用。但是，新形势下的新要求，加速了师德师风考核评价从正面到负面、从模范到失范的过渡，加强了了国家和教委推动师德师风建设的决心和动力。负面清单制度采用底线思维的方式，用设置不可触碰的红线的方式，来规范教师整体的言行举止和社会行为，从社会关系、工作关系、师生关系等方面多层次地指导教师的道德感和社会责任感，用底线红线提

升师德师风的整体建设水平，用禁止惩罚的方式清除教师群体中的低层次人员或行为，将个人师德和群体师风区分开来，保证教师队伍的纯洁和高尚，以此达到提振教育、培育人才的目的。

首先，行政体制弱化了正面弘扬的作用。管理是预期目标和成果实效间联系的纽带，行政体制则是影响两者间转化实现比率的重要掣肘因素。在考核、评议、晋升等方面，领导思路有时更为重要，踏踏实实地付出长久努力的师德模范标兵在领导眼中的地位还不如"听话、懂事"的职工，一个正面的师德倡导在固有的社会风气和畸形的行政体制下是无法带动整体师风的。在推动教师模范宣传起到价值引领作用的同时，行政管理和领导权利也弱化了正面倡导行为的作用，不合格的行政体制和领导干部，对整体师风的建设是有负面影响的。

其次，正面评价难以量化。师德是教师的个人品行和应遵守的职业道德。作为道德的一个方面，很难用量化的指标去表达对师德正面的评价，但负面清单准则是可以量化实施的，可以使用绝对禁止行为、相对禁止行为和处罚机制，来量化实现对个人师德的合格与否的考核评价，以此带动整体师风建设。

再次，负面清单是可以有效规制教师行为、降低师德失范的社会影响的。负面清单制度规定了哪些可以做、哪些不能做、哪些应该做，运用底线思维规制教师的行为，可以保证教师整体师风的水平，同时将个人行为和教师群体区分开来，降低了个人师德失范后对教师群体的负面社会影响。

最后，网络的迅速发展助推负面清单制度的产生。网络改变了世界，也改变了固有的价值体系。在网络不发达的时候，知识的获取、社会经验的获得都依托于身边的人和关系。这种情况下，教师因其身份和文化，在身周的地位和尊严是比较高的，人们乐于向知识渊博和经验丰富的人学习请教，教师除了解答问题、传授课业外，人生道理和经验指引对于单纯的头脑、空白的思想是非常重要且有价值的。但是随着经济的发展和网络的普及，教师的这种作用是急速下降的：一方面，改革开放后的经济发展促使社会全员收入上升，而教师的经济收入一直维持在低位，经济地位使得尊师程度下降，社会风气使得人们更利益化、金钱化；另一方面，网络的迅速发展使得知识和经验的获取突破了距离和环境的限制和掣肘，教师的意见从过往的重要性指导意见变成了选择项，学生和家长不再非要从教师处获取信息，他们完全可以从网络上获得更多更新更全的数据信息和更全面的观点评判，网络的发展使得教师地位下降，是一个不争的事实。网络意识形态的另一个特点是博新，更多的关注点不在正面报道而是负面关注。网络对教师群体的师德师风评判，不是如何关爱学生，而是如何未尽到教师责任；不是如何弘扬模范，而是聚焦负面行为。如汶川地震，网络让国人记住了范跑跑，却未曾记住数以万计恪守教师职责的同行。因此，负面清单制度的产生和发展，是新形势下的必然要求。

四、中等职业学校师德师风考核指标分析

结合中等职业学校自身发展规律和现实基本情况，中等职业学校师德师风考核评价的指标设置应当聚焦于以下5个方面。

（一）政治立场

政治立场是师德师风考核指标的第一要素。《中华人民共和国教育法》规定，国家坚持以马克思列宁主义、毛泽东思想和中国特色社会主义理论为指导，遵循宪法确定的基本原则，发展社会主义的教育事业。教育是社会主义现代化建设的基础，国家保障教育事业优先发展。全社会应当关心和支持教育事业的发展。全社会应当尊重教师。教育必须为社会主义现代化建设服务、为人民服务，必须与生产劳动和社会实践相结合，培养德、智、体、美、劳全面发展的社会主义建设者和接班人。教育应当坚持立德树人，对受教育者加强社会主义核心价值观教育，增强受教育者的社会责任感、创新精神和实践能力。国

家在受教育者中进行爱国主义、集体主义、中国特色社会主义的教育，进行理想、道德、纪律、法治、国防和民族团结的教育。

（二）科学道德

教师的职业责任包括专业责任和道德责任。教师的专业责任是指教师在实施课堂教学、传播文化知识的过程中，应当具备并遵守的职责，如尊重科学的教学规律、因材施教等，侧重于教书方面；教师的道德责任是指在进入教师职业角色、履行教师岗位职责时，应当进行并开展的育人责任，如关注学生心理健康发展，培育学生道德品质，教育学生形成正确的世界观、人生观、价值观等，侧重于育人方面。教书、育人是教师专业责任和道德责任的外在表现，两者同属于教师的职业责任，缺一不可。如果中等职业学校的专任教师在工作生活中只强调知识和成绩，忽略言传身教的作用，忽视学生道德品质的培育，认为思想教育是班主任和辅导员的事，上课即来、下课即走，固守专业责任，漠视道德责任，那么这样的教育是失败的，这样的教学工作模式也是不成功的。

（三）社会责任

学高为师，身正为范。教师的自身品质和行为举止是教师履行社会责任的关键。为人师表，要求教师在一言一行中，展现出的道德水准和形象素质要高于其他职业人群，这是社会对教师行业的要求，是每位家长对教师的期盼。言行雅正、负责任、修养好的教师是每位学生、家长都渴求遇到的人生指路明灯。因此，教师的社会责任应该是衡量师德师风建设、设计失范负面清单的主要指标。

（四）职业纪律

教师的职业纪律，简单意义上，可以用是不是爱岗和是不是敬业来评判。在岗也要爱岗，从业也要敬业，不能敷衍了事，要用实际行动和真实表现来展现对教师岗位的热爱，对教师职业的尊敬，不消极怠工，不漫不经心，坚持师道，恪守初心。如果用负面清单来衡量的话，那么教学事故当是教师职业纪律的重要组成部分。

（五）教学技能

中等职业学校的教学技能涉及两方面的内容：一是基础技能，即具备教师课堂教学的基础能力和必备技能，能够担当得起教师的职业责任，不误人子弟；二是学习技能，即能够为适应新时代形势需要，不断锤炼教学技能，精炼教学内容，改进教学方法，提高课堂效率，提升教学质量。

五、中等职业学校师德师风考核体系方案设计

根据以上分析，结合中等职业学校自身教育特点，设计中等职业学校师德师风考核评价指标如下。

（一）一票否决项目

（1）损害党中央权威、违背党的路线方针政策的言行。

（2）损害国家利益、社会公共利益，违背社会公序良俗。

（3）发表、转发错误观点，编造散布虚假、不良信息。

（4）违反教学纪律，敷衍教学，擅自从事影响教育教学本职工作的兼职兼薪行为。

（5）要求学生从事与教学、科研、社会服务无关的事宜；歧视、侮辱、虐待、伤害学生。

（6）与学生发生任何不正当关系，发生任何形式的猥亵、性骚扰行为。遇突发事件，罔顾学生安危，擅离职守。

（7）学术不端。

（8）影响重大的工作中徇私舞弊、弄虚作假。

（9）利用教师身份和家长资源谋取私利。

（10）假公济私，有偿补课或介绍生源、提供不对外信息。

（二）严重扣分项目

（1）宣扬封建迷信。

（2）工作组织严重不力或执行严重不力，造成重大负面影响。

（3）玩忽职守造成学生严重伤害或重大财产损失。

（4）造成教学秩序混乱或中断。

（5）擅自缺课、停课、代课。

（6）主观原因修改学生成绩。

（7）擅自发放毕业证书。

（8）故意出具与事实不符的证明。

（9）其他造成严重后果或恶劣影响的情形。

（三）一般扣分项目

（1）未提前做好上课准备，严重影响教学活动正常进行。

（2）非不可避免原因造成课堂迟到或提前下课。

（3）丢失学生原始成绩、学籍信息等重要资料及数据。

（4）审查不认真，错发、漏发学生毕业证书。

（5）审查不认真，出具与事实不符的各类证明。

（6）其他引起不良后果或造成负面影响的教学事件。

（7）擅自舍弃教学内容、迟滞教学进度。

（8）上课期间使用手机等电子设备从事与课堂教学无关的活动。

（9）其他影响教学秩序或教学质量的事件。

六、结论

新形势对师德师风建设有新的要求，中等职业学校在师德师风考核体系的建立和指标选择上存在着诸多问题，负面清单制度在当前是一项能够规制个体师德失范和促进整体师风提升的有效措施，科学道德和社会责任是师德师风考核评价的主要技术指标，教师的职业责任和道德责任两者合并构成师德主体，缺一不可，师德师风考核评价当坚持改革创新，不断探索学校师德师风建设的规律和特点，增强师德师风建设实效，完善师德师风建设长效机制。

参考文献：

[1] 周显信,许双双.推行高校师德考核负面清单制度的掣肘与进路[J]. 思想理论教育,2019(4):85-90.

[2] 周佑勇.努力深化新时代高等教育法治实践[J]. 中国高等教育,2019(11):19-21.

[3] 陈宝生.全面推进依法治教　为加快教育现代化、建设教育强国提供坚实保障——在全国教育法治工作会议上的讲话[J]. 国家教育行政学院学报,2019(1):3-9.

[4] 湛中乐,等.大学章程法律问题研究[M]. 北京:北京大学出版社,2016.

[5] 晋浩天.师德失范一票否决[N]. 光明日报,2018-04-19(8).

[6] 韩松航.树立良好师德师风[N]. 中国教育报,2019-01-10(4).

[7] 糜海波.辩证把握师德评价中的几个关键要素[J].思想理论教育,2018(3):85-89.

基于校企合作的中职德育工作实施策略探究

王　莹　周立希　张　峰

摘　要：本文基于“产教融合背景下中职德育工作实施路径研究”课题，从转变教学理念与方式、创新评价手段与指标两个方面，阐述了在校企合作基础上的中职德育工作实施策略。

关键词：校企合作　中职德育

自2022年5月1日起，新修订的《中华人民共和国职业教育法》（简称《职业教育法》）正式实施，新修订的《职业教育法》将对推动职业教育高质量发展、提高技术技能人才培养质量、促进社会经济发展产生深远影响。中职教育在促进我国经济发展中所扮演的角色变得越来越重要。据调查，当前中等职业学校中常见的一种办学模式就是“产教融合、校企合作”。在该模式下我们成功培养出很多人才，但在思想道德教育工作上略显不足，需要切实改进。相信通过学校、企业、学生三方的共同努力，中职教育能够完善德育工作，中职毕业生将会为国家经济建设作出更大的贡献。

一、转变传统教学理念与方式，适当对德育教学手段进行创新

中等职业学校在改革德育教学方法上，要创新德育教学理念，将教学的主体从教师转变为学生，把传统的讲授型德育教学模式转化成体验式教学模式。而德育教学不仅可以在德育课堂上展开，而且还能使用网络等多元方式，更加

贴近生活，在潜移默化中提高学生的道德素养。

（一）德育载体——从课堂转向社会和企业

传统的德育主要以课堂作为载体，而转变思路之后，我们可以将工作环境称为德育的第二载体。德育工作人员进入企业，通过展开深入调研，对企业的环境、文化及人才需求等方面进行全面了解，对学生在企业内的生活、专业技能的掌握等情况进行调查，同时从事德育教学的老师可以分别把各自了解到的问题表达出来，并汇聚起来，进行深入分析，进而制定出针对某些专业学生专门的教学案例，然后将案例融入各专业的德育课程中。这种把德育和专业素养融合在一起的德育教学，更能让学生兴趣大增。

（二）德育方法——从说教转向引导

单一的填鸭式的说教已经不能适应职业教育的改革。如何将德育教学的知识点转化为学生的内驱力，则需要调动所有的感官来学习。因此，邀请优秀往届毕业生或企业代表来学校组织座谈会等，与在校学生面对面地展开沟通与交流的方式更加能够贴合现在学生的需求。同时，教授德育课程的相关教师也要加入这场座谈会，并全程在专业知识的视野下进行点评与总结，帮助学生尽早树立人生目标，制订人生规划与方向，并脚踏实地地朝着目标前进，以乐观的态度面对人生，以便其在毕业后能迅速跟上社会与企业的节奏，实现人生价值。

（三）德育目标——将“升学”教育与“就业”教育相融合

“升学”或“就业”是学生在毕业十字路口的选择题，也是关系到学生人生发展的重要选择题。通常情况下，我们会鼓励学生升学，更上一个台阶。而如今，我们在制定德育目标的时候，可以将升学和就业的内容贯穿德育教学的始终，重视学生自主意识的发展。在实施德育教学计划的基础上，定期安排学生前往不同的企业进行实地参观，了解当前企业的工作氛围与文化，掌握其要求的专业技能，让学生对每个企业所要求的岗位职能有一个大体的了解。同时，德育老师也可以在围绕学生各自的兴趣爱好的基础上引导学生选择最适合自己的工作岗位，并帮助学生积极思考从事该岗位应树立哪些价值观；帮助学生积极探寻自己应掌握的知识技能，不断提升自己的能力，进而深化学生对德育相关知识的理解，全面提高学生的综合素养。

（四）德育内容——从“泛道德”教育转向“职业道德”教育

加强课程改革，德育教师要积极融入各专业的学生之中，通过德育知识与各专业学生特点、就业形势等的融合来指导学生，为学生解答困惑，让学生能对自己今后的求职方向更明确，引导其不断提升自己的德育素质。对于学生实际遇到的问题，德育教师可以跟专业教师或企业一同展开交流，协商出最佳方案，帮助学生解决问题，让德育真正融入实际中，不断优化德育课程的教学形式。

二、创新德育评价手段，完善德育评价指标体系

（一）建立多元化的校企合作德育考评主体

德育考评的环境不能仅仅局限于校内，还要结合企业评价。德育考评的主体也不能局限在任课教师，而应该扩大到负责学生工作的教师及企业管理人员。在校内，班主任跟任课教师要一同参与对学生的德育考核工作，以学生平时的学习情况与日常行为作为基准进行评定，并将最终结果向学生及其家长进行反馈；在企业实习期间，负责考核的人员则由指导老师与企业内的管理人员构成，主要根据学生在企业实习期间的具体表现为准展开考评。

（二）构建基于校企合作的中职德育工作评价指标

1.评价指标的说明

该评价体系应包含中等职业学校与合作企业这两个德育主体的责任评估，评价内容包含三个方面：基于校企合作的中职德育工作机制（含组织机构、师资队伍和相关的制度、方案等）、工作内容（含德育课程建设、教学改革、德育活动、文化建设及德育实践基地建设等）和成效（含学生职场适应力、职业素养状况及校企德育资源的利用情况等）。这三部分内容须围绕校企双方如何合作开展德育工作来设计，以更全面地对基于校企合作的中职德育工作作出评价。

2.评价等级的分类

根据评价体系中的评价标准，将分值分为4个等级：90 分以上为优秀，80 分以上为良好，60 分以上为合格，60 分以下为不合格。这4个等级的确立，需由学校、企业及第三方的教育部门或机构共同组成的专家小组进行评估和实地考察，通过等级的分类，对中等职业学校与企业合作德育的状况作出科学合理的评估，也可在一定程度上反映出中等职业学校的人才培养水平。

3.评价结论及指导

专家小组的评估结果确立后，应同时对中等职业学校的该项工作提出整改意见并进行科学的指导，以便有效推进校企合作德育机制的确立与推广，有利于最大限度地发挥校企合作在中职学生成长中的价值与作用。最后，将以上初步构想的基于校企合作的中职德育工作评价指标列表于下（详见表1），以期在未来的实施和推广中进一步修订与完善。

表1　基于校企合作的中职德育工作评价指标

一级指标	二级指标	满分值	主要评价点	评分细则	得分	备注
基于校企合作的中职德育工作机制（25分）	机构设置	5	校企共同开展德育工作的组织机构	设有专门的产教融合德育工作管理部门的得5分，设有部门兼管产教融合德育工作的得3分，设有临时的产教融合德育工作管理部门的得2分，没有的不得分		

续表

一级指标	二级指标	满分值	主要评价点	评分细则	得分	备注
基于校企合作的中职德育工作机制（25分）	校企德育师资建设	5	校企德育师资的“互挂职”活动	积极开展以“学校德育教师到企业顶岗挂职，同时聘请企业人员做学生的德育指导老师”为主要内容的校企德育师资建设活动，根据建设情况酌情给分		
	相关制度	5	校企共同开展德育工作的制度文件	有专门的校企共同开展德育的文件得5 分，只在校企合作制度中有涉及共同开展德育的得 3 分，完全没有相关制度文件的不得分		
	计划、方案、总结等材料	10	校企共同开展德育工作的相关材料的上报情况	计划合理、方案可行、总结全面的得5分，各类材料不齐全的得3分，完全没有的不得分；材料按时上报得5分，不能按时上报酌情减分		
基于校企合作的中职德育工作内容（45分）	德育课程建设	5	德育课程指导委员会	各专业均有企业管理人员参与德育课程指导委员会，得5分，少一个专业扣1分，扣完为止		
	德育教学改革	10	校企合作下的德育教学改革	校内德育教学方式的改革、企业德育课堂的开展等，根据改革情况酌情给分		
	“第二课堂”德育活动	10	校企德育活动开展情况	校内外各项学生德育活动均有渗透企业、专业元素，根据活动开展实际酌情给分		
	文化建设	5	校企文化建设情况	依据校企在学生学习、实训、实习场所的环境布置、宣传平台等情况酌情给分		
	德育基地建设	5	企业德育基地建设情况	在企业建有德育实践基地，五家以上得5分，少一家扣1分，扣完为止		
	顶岗实习中的德育	10	学生顶岗实习阶段的德育开展情况	依据学生在顶岗实习阶段接受德育的情况酌情给分（岗前文化熏陶、校企师资的联络指导、实习期德育管理制度、实习期德育活动等）		
基于校企合作的中职德育工作成效（30分）	学生适应能力	10	学生适应企业文化和管理制度情况	学生非常了解并适应企业的管理、工作环境和人际关系记10分，其他酌情扣分		

续表

一级指标	二级指标	满分值	主要评价点	评分细则	得分	备注
基于校企合作的中职德育工作成效（30分）	学生职业素养	10	学生在企业的工作态度和职业道德情况	企业对参与见习、实训和实习学生的工作态度与职业道德进行评价：优秀得10分，良好得8分，合格得6分，不合格则不得分		
	校企德育资源	10	校企德育资源利用情况	校企双方在提升学生职业素养所需的场地、设施设备、师资等软硬件德育资源上，依据各资源的利用情况酌情给分		

参考文献：

［1］苏俊玲. 美国职业教育校企合作实践的研究[D].上海:华东师范大学,2008.

［2］姚芬. 校企合作德育机制研究[J]. 成人教育,2009,29(8):20.

［3］杨国富,代祖良,李耀平.充分发挥校企合作优势,拓宽德育工作途径[J].高等职业教育(天津职业大学学报),2009,18(6):89−91.

［4］欧阳剑波. 校企合作环境下德育社会化的创新思考[J]. 广东技术师范学院学报,2010(1):17−19.

职业院校思想政治理论课体验式教学浅探

杨　涛

摘　要：职业院校思想政治理论课是学校思想政治教育工作的主渠道。在课上开展体验式教学，对于提升课堂教学的实效性，增强理论的说服力和感召力，培育学生的实践能力和创新精神，打造新时代国家建设所需要的高素质劳动者和技能型人才，具有重要意义。本文围绕体验式教学的内涵、特点以及职业院校思想政治理论课开展体验式教学的具体环节和教学实践中应当注意的一些问题作简单的探讨。

关键词：职业院校　思想政治理论课　体验式

2020年9月22日，习近平总书记在教育文化卫生体育领域专家代表座谈会上强调："要坚持社会主义办学方向，把立德树人作为教育的根本任务，发挥教育在培育和践行社会主义核心价值观中的重要作用，深化学校思想政治理论课改革创新，加强和改进学校体育美育，广泛开展劳动教育，发展素质教育，推进教育公平，促进学生德智体美劳全面发展，培养学生爱国情怀、社会责任感、创新精神、实践能力。"科学合理的教育必须坚持贴近实际、贴近生活、贴近学生的原则，重视实践教育、体育教育、体验教育及养成教育，努力实现知识学习、能力培养和行为养成的高度统一。作为职业院校思想政治教育工作主渠道的思想政治理论课，在课上开展体验式教学，对于提升课堂教学的实效性，增强理论的说服力和感召力，培育学生的实践能力和创新精神，打造新时代国家建设所需要的高素质劳动者和技能型人才，无疑具有非常重要的意义。

一、体验式教学的内涵及特点

开展职业院校思想政治理论课的体验式教学，首先要解决对“体验”的认知问题。“体验”，有时亦被称为“体会”。学术界一般将“体验”定义为主体内在的、历时性的知、情、意、行的体验和验证。与学术界的定义有所不同，在教育学领域，比较一致的看法认为“体验”不仅是一种活动，更是一个过程，是生理和心理、感性和理性、情感和认识、社会和历史等方面复杂的矛盾统一体，是体验者以自己独一无二的个体生命来验证事实、感受生命的过程。

体验式教学发端于20世纪40年代的英国。1941年，英国的一位教师在威尔士建立了一所户外学校，借鉴战争期间训练海员生存能力的经验，来训练工商业人员和学生等群体的心理素质和精神品格，从而开创了体验式培训的先河。1960年，美国将这一学习模式引入国内，通过将学员置于恶劣的户外自然环境中进行训练，力求重塑嬉皮士们的生活态度。此后，体验式教学进一步推广到学校教育中。20世纪80年代，美国著名社会心理学家、教育家大卫·库伯（David Kolb）在总结前人经验的基础上，提出了系统完整的体验式学习理论。在他看来，体验学习是一个由“具体的体验”到“对体验的反思”到“形成抽象的概念”到“行动实验”再到“具体的体验”反复多次的体验循环的过程。通过循环，体验者在体验中逐步达成对理论的认知。库伯认为，有效学习应通过学习者的亲身体验去发表看法，并进行反思，再结合其本人已有的知识经验储备总结形成理论，最后将理论应用到实践中去。

教学实践中，体验式教学模式能充分体现现代教育学论的重要思想和主张。体验性学习策略就是在教学活动中为学生设立各种全过程的亲身实践、亲身体验及合作探究的学习程序，让学生在实践和体验中构架知识、达成认识。所以说，在职业院校思想政治理论课上开展体验式教学，是符合思想政治教育教学规律的教育教学形式和大胆有益的尝试。体验式教学的特点如下：

第一，主动性。体验式教学不以学生的体验为归宿，而是以体验为手段引导学生主动参与，在参与过程中实现知识构建。学生的主动参与，在体验式教学中的作用非常重要。体验式教学的理念应从学生的角度出发，使学生在学习活动中自我学习，并通过这种自我学习将其内化为一种思维和行为习惯，进而应用于将来的就业和实际工作中。学生的体验，也只能在其本人直接参与的实践活动中形成，只能在他自身的感知或操作行为中产生。就职业院校思想政治理论课的教学而言，只有在对学生进行一系列复杂多样的教学活动中，学习才能产生具体真切的体验，从而将思想政治的教育效果落地生根。如果没有学生的主动的直接参与，没有现实活动作基础，体验就沦为纸上谈兵，思想政治教育的实效更是无从谈起。教学的整个过程中，学生要发挥主观能动性，做到“四多”，即多想、多动、多参与和多感悟；教师在讲解上要适当压缩，在引导上则多发力，强调发挥学生的想象力、创造力、自主解决问题的能力和归纳总结的能力。

第二，一致性。体验式教学还能为学生创造解决实际问题的机会和场所，使学生能够在学习过程中边学边用，达到学用一致、知行统一。学生随着其直接参与的各种实践活动的展开，其体验广度会相应地拓展，体验的程度也会进一步加深，并最终由量变发展为质变，实现认识上的突破、情感上的升华和价值观上的飞跃。当然，由于个体差异性这一客观存在，参与同样的活动，或处于相同心理环境，不同学生产生不同的心理体验、出现体验角度和程度上的差异也属正常。这其实并不妨碍学生个体的学用结合，只不过是在认识和理解程度方面有所差异而已。

第三，趣味性。趣味是打开成功大门的钥匙，但不是教学的目的。教学活动不能舍本逐末，其归宿应该着眼于充分发挥学生的学习主观能动性、创新精神和潜力，使其“识记的可能性”增加，使其“无意识记的效率”提升，从而改进教学效果。体验式教学主张将学习化为乐趣，而不是压力，最终实现主动体验、主动学习的目的。有很多提升学生学习效果的方法，比如在上课时教师充分运用多媒体、网络等现代化教学手段，有助于克服理论教学的枯燥乏味，使课堂教学变得生动形象、丰富多彩，易于为学生所接受，从而达到培养学生学习兴趣的目的。应该说，体验是由学习主体自己喜爱的、能够充分满足自身心理需求的情境活动而激起的心理感受，它应该是发自内心的。只有当学生对教学内容及设定情境产生浓厚的兴趣时，才能“心无旁骛”，进而“心领神会”于无形高效。

第四，互动性。所谓互动教学，就是把教学过程看作一个动态发展的、教和学对立统一的、交互影响的辩证过程。在整个体验过程中，通过师生之间、生生之间的交流，产生教学“共振”，借此提高教学效率。体验式教学的主体是学生，学生在教师设计的情境中，于教师的引导下进行学习。体验式的教学理念，就是从学生的角度出发，使其在活动中开展自我学习，并将其“本能”化为自身的思维和行为习惯。体验式教学可以通过创设相互支持的环境，让学生开诚布公地沟通，借此真实准确地反映实际。这样不仅能使学生深化自我认识，也能使学生借此机会建立起与他人更有意义、相互支持的互动关系。学生的体验和感悟差异性的客观存在，凸显了相互交流的必要性和重要性。不同的体验方式、不同的认知、不同的理解和表达，经过个体之间的交往交流交融，往往能碰撞出心灵的火花，深化学习者对所学思想政治理论的认知和理解。

第五，多样性。体验式教学立足于学生的感官、情感和行动等多个方面，来重新定义教学，这是由教学中“教”与“学”这两种活动的个性决定的。这种教育方式要求充分地使用“看”“听”“用”“做”和“想”等手段以达到“刺激”学生的目的。尤其要指出的是，体验作为一种价值载体，它具有多种存在形式，它既可作为某种产品和服务的附属物而存在，也可以作为产品或服务的延续物而存在。它的授课方式是多样化的，教师可以根据教学内容的不同来选择教学方式——既能在课堂上进行体验，也可以利用第二课堂和社会大课堂进行实践，还可以通过网络等现代科学产物进行虚拟实践。

二、职业院校思想政治理论课开展体验式教学的环节

开展职业院校思想政治理论课的体验式教学，要求教师对教学的各个环节精心准备和认真设计。一般而言，一个完整的体验式教学模式，应当包含问题导入、情境模拟、协作互动、归纳总结和教学评估五个环节。

第一，问题导入。问题意识是在思维过程和创新活动中占有非常重要的地位，它既是思维的起点，也是思维的动力。作为思维的动力，问题意识不仅体现了个体思维的活跃性和深刻性，也反映了其独立性和创造性。换言之，问题意识并不局限于简单地提出和解决问题，而是人们对客观事物进行自觉反映的心理过程和揭示问题本质的发现过程，是个研究问题、发现问题的动态的过程。如果脱离了对学生问题意识的培养而去大谈特谈所谓的创新精神和创新教育，那一定毫无意义。体验式教学主张和强调学生问题意识的培养，所以整个教学实践要围绕问题来开展，这就要求教师首先要做好包含有关理论知识的案例等素材的收集和整理工作，然后根据教学内容认真设计教学情境，谋划教学过程，而且要根据问题提前布置好作业，要求学生在课前了解相关问题的背景知识。

第二，情境模拟。提出问题只是体验式教学的第一步，更重要的还在于怎样让学生进行体验，这势必要求教师设计出合理的情境。情境模拟不仅是教师导入主题的环节，也是激发学生学习动机的环节。创设情境的方式，既可以通过多媒体课件设计，也可以通过一些软件来模拟相关情境，还可以采用角色扮演、分组辩论等方式。学生可以在教师创设的情境中就相关问题进行讨论，角色扮演不仅有助于增强学生的担当意识、团队意识和集体荣誉感，还有助于学生更好地掌握相关理论知识，显著地提升实践技能。

第三，协作互动。体验只是手段，领悟知识并内化为自己的认识才是目的。这需要综合多维的协作活动。可以说协作互动是体验式教学的重要特征之一，这里的协作互动，既包括学生和学生之间的互动，也包括教师和学生之间

的互动。通过协作互动，师生之间、生生之间围绕问题进行探讨，教师对学生悉心引导，有助于学生养成良好的思想意识和行为习惯，从而激发学生学习的乐趣。

第四，归纳总结。认识是实践基础上客观世界在人的意识中的能动反映，是经过思维活动产生的结果。所以在每次体验教学课结束时，教师都要进行总结提炼，让学生结合预习的内容，对所体验的知识进行提升，达到领会要义、深化理解和强化记忆的目的。另外，教师还要对相关知识的运用环境、用法及其变异可能等因素进行拓展，以便帮助学生触类旁通。当然，学生自行归纳和总结也是可以的，但必须要有教师的正确引导方能达到预期。

第五，科学合理的教学效果评估。通过体验教学，构建有别于传统的教学效果评价指标体系，有利于教师更准确地了解学生知识掌握及能力培养的情况。具体的操作上，可探索将阶段性综合评价、诊断性评价、过程性评价和总结性评价相结合，在教学中也可采取教师评价、学生互评和小组互评相结合，还可以由实习单位相关人员组成评价小组等，实际操作过程中要具体情况具体分析，做到有所侧重、有所区分。传统传输式教学评价模式，评价学生的知识掌握程度时往往聚焦于学生的考试成绩，同时结合日常表现基础上形成的平时成绩。这种教学模式的评价标准是根据教学目标，以教师为唯一主体，基于教师的价值观和要求来衡量学生，弊端是在很大程度上忽视甚至无视学生的情感体验、动机目的和努力程度。实践证明，该评价模式并不能科学客观地反映学生的知识能力和素质情况，造成学生只重视掌握知识的结论，轻视对形成结论的过程的理解。而体验教学模式评估，则是以考察学生的综合能力为出发点，将过程性评价和终结性评价结合，体现出了评价的多样性。在考查学生学业成绩的同时，对学生的能力和素质也进行评价，从而能比较科学准确地反映学生的实际情况。评价的功能上由侧重于区分、选拔转向侧重于强调学生的发展，不仅重视学生解决问题的结论，更注重学生得出结论的过程，从而使评价起到激励导向和质量监控的作用，有助于促进所有学生的发展，以及每个学生个体的全面发展。

三、职业院校思想政治理论课开展体验式教学应当注意的问题

现实中完美无缺的教学模式是不存在的，体验式教学作为一种全新的教学理念和模式，在职业院校思想政治理论课教学活动中虽然具有一定的优势和可操作性，但应当承认，它无论在理论设计上，还是在具体实践中，都还存在一些不足。因此，进行体验式教学时应当注意如下问题：

第一，创设合理的教学情境。体验式教学主张寓教于乐，但是这种“乐”并非教师单方面制造出的乐趣，而是要求学生主动地体会到乐趣。设置情境通常应考虑以下三个因素：首先是密切联系教学内容。教师要设法将教授的知识尽可能地融入易激发学生学习兴趣的教学方法中去，教学过程如果能像娱乐活动那样吸引学生的注意力，则是比较成功的标志。其次是尊重和遵循学生的认知水平、心理特点和发展规律。通过激发学生学习的主观能动性，教师将学生被动接受转化成主动掌握的过程，体验学习的快乐。再次是源于社会生活实际。学生并非生活在真空之中，而是生活在丰富多彩的现实世界。教师将学生关注的一些社会热点问题确定为教学重难点，有利于培养学生独立思考的意识和能力，鼓励学生直抒己见并加以有针对性的引导，达成教学目标。所以在教学中，教师要根据教材内容精心创设与之相适应的教学情境，为学生在真切的体验中去感悟，从而丰富情感和价值观体验，增强道德内涵储备，实现学习的快乐创造条件。

第二，注重培养学生的问题意识。问题具有极强的情境性，它能够激发学生的兴趣，引导学生思维的走向。所以教师在实践中应当从学生的认知水平出发，精心创设各种问题情境，引导学生进入思维状态。问题应该成为学生思维上的引领，换言之，教师要善于通过各种手段创设问题情境，使学生产生认知冲突，从而催生学生形成问题意识。另外，还要求教师积极引导学生去发现和

分析问题，独立思考和相互启发。在体验式教学模式中，教师的职责就是引导学生不断地提出问题，从而使学习过程变成一个不断地提出问题、解决问题的深入探索过程。

第三，切实提升教师素养。开展体验式教学，在为教师的教学提供很大施展空间的同时，也对教师的知识和能力提出了更高的要求。教师不仅要在课堂上创设科学的教学情景，还要充分把握学生的心理情况，及时掌握学生的情绪，从而有效地掌控整个教学过程。教师在体验式教学过程中，要努力为学生提供关心和信任的心理支持；提供有关知识和信息的知识支持，帮助学生形成正确的自我评价知识；鼓励和引导学生自己去得出结论，而不是由教师给出结论。体验式教学要求教师在课前必须认真备课，具备完善的知识结构和丰富的知识储备，利用那些可视、可亲、可感知的教学媒体，努力为学生做好体验前的准备工作，让学生形成一种渴望学习的需求，从而全身心地投入学习过程。所以，它不仅要求教育者对教学内容要有深刻的把握，还要求教育者必须具备社会学、教育学和心理学等相关领域知识的丰厚积累，另外还要有“演说家”“主持人”的能力，这样学生才能自然地进行成功的体验。

第四，营造和谐民主的教学氛围。体验式教学虽然鼓励学生自己去得出结论，但由于个体差异性会导致体验上的差异性，即使面对同一事物，不同的主体基于自身个性化的实际，可能会以不同的方式去体验和感受得出不同的认识，形成不同的情感。因此，并非所有的学生都能够得出正确的结论。这就要求教学过程中教师对学生进行精准细致的引导，帮助学生得出正确的结论。另外，在体验式教学模式中，学生的学习不仅要追求结果，更要关注学习的过程——学生在内心积累起丰富的感性体验后，这种体验并不会随着时间的推移而渐渐消失，而会逐步积淀升华，最后成为大脑中的无意识记忆。这种无意识记忆会在某种特定的情境下被激活。这就要求教师在教学过程中尽可能采用具有启发性的语言来激活学生潜意识里的这些体验，使之变为真实真切的体验。在大多数情况下，体验可能是微弱、片面和无意识的，所以教师应当引导学生，让他们及时地表达自己的体验，并强化这种体验，以便达到更好的教学效果。同时，这种对体验的表达，也有助于让学生更加明确自己的感受，从而深化其对教学内容的理解和把握。换言之，教育者不仅要让学生获得知识，更要让其感知和理解获取这些知识的过程，让学生在学习知识的同时用心去体验，从而强化对知识的掌握，并关注这些知识和相关知识之间的联系。

第五，避免以教师的体验代替学生的体验。在职业学校思想政治理论课的一些体验式教学活动中，常常会出现学生被动地等待教师安排、进入教师设计的教学情境中，并按照要求逐步深入地体验思考，最后实现教师预设的教学目标的情况。这种情况下，教师更多的是从书本和自己的生活经验中发掘体验的内容和方式方法。教师的关注点在于怎样在自己设计的教学情境中激发学生学习的主观能动性，这其实是以教师的体验来代替学生的体验，这种做法虽然有一定效果，但忽视了学生是有能动性的个体，忽视了学生学习原动力的自我激发，忽视了学生学习自觉性的自我调动，忽视了学生学习主动性的自我发挥。在这样的体验教学活动中，由于主动参与度不够，学生不能有效地获得知识和情感上的体验。科学有效的体验式教学，既包括教师的教，又包括学生的学，是两方面的统一。课程实施不仅是学生凭借书本，在教育者的引导下将知识对象化从而获得知识的过程，更是学生联系自身生活实际，凭借自己的情感和直觉等直观感受去体悟、再认识、再发现和再创造的过程。从来就没有哪一门课程或哪一位教育者有权利也有能力去规划一个人的认识过程。每一个人的认知过程都是他自己的，在学习中由学生个人自觉发起的并且自主参与的学习，一定是最持久、最深刻的学习。教学的出发点是什么？它不是教师的主观筹划和设计，而是学生的积极主动参与。只有学生主动地参与学习过程，学生的学习热情才能得到充分的调动，通过这种身临其境式的体验和感悟，达到掌握知识、锻炼能力和形成良好的情感态度和价值观的目的。

参考文献：

［1］黄志斌.当代思想政治教育方法论［M］.合肥:合肥工业大学出版社,2010.

［2］马克思,恩格斯.马克思恩格斯全集［M］.北京:人民出版社,1982.

［3］王俏华.对学校道德教育中榜样教育方法的伦理学追问［J］.教育探索,2011(4):125-127.

［4］万美容.优选与创设:榜样教育创新的方法论视角［J］.中国青年研究,2006(9):19-22.

中职生手机入校管理后心理变化分析及其教育引导探究

楚晓红

摘　要：中职生正处于身心快速发展期，过度使用手机容易造成各种心理问题和社会问题。2021年1月，教育部办公厅印发了《关于加强中小学生手机管理工作的通知》（教基厅函〔2021〕3号），要求中小学生原则上不得将个人手机带入校园，强调将手机管理纳入学校日常管理。本研究对上海港湾学校222名中职生进行问卷调研，分析中职生手机入校管理后的心理变化，探索手机管理的教育引导措施。发现：①中职生手机依赖水平处于中下水平。②中职生手机依赖在性别、年级、户口、是否独生、家庭结构、父母受教育程度上无显著差异，在学习成绩、每周生活费用、家庭经济上差异显著。学习成绩一般的学生手机依赖程度较高，每周生活费和家庭月收入中等水平的中职生手机依赖程度较高。③中职生生活事件与手机依赖呈现显著正相关。④中职生手机入校管理后，随着时间的推移，学生在人际关系困扰、积极情绪、学习投入和学业拖延情况上有显著变化。人际困扰及交友交际得分均值显著降低，积极情绪和学习投入得分均值显著提高，学业拖延得分均值显著降低。

关键词：手机依赖　人际关系　积极情绪　学习投入

一、研究背景

手机的功能从打电话、发短信、视频通话等，发展到满足人们的用餐、购物、娱乐、出行、学习等日常生活需求，为人们生活、工作、学习带来了巨大便利，也使得越来越多的人成为手机的“奴隶”。中职生正处于青春期，对外界充满好奇，喜欢尝试新鲜事物，容易接受新兴新鲜事物，手机对他们有很大的吸引力。然而，中职生自我控制能力还不够，没有形成稳定的价值观，容易受到手机的吸引而沉迷其中，产生过度使用手机的问题。

手机依赖是指个体随便、任意和过多地使用手机而导致的认知、行为和生理等身心上的不适应症状，甚至会严重影响手机使用者的身心和社会功能的正常发展（韩登亮和齐志斐, 2005）。研究发现，中职生手机依赖程度处于中等以上水平，自我控制与手机依赖存在显著负相关（刑楠楠，2020）。对手机依赖程度越高的农村留守儿童越容易出现学业拖延的状况，手机依赖在心理韧性与学业拖延之间起部分中介作用（赖运成和李瑞芳，2019）。手机依赖与青少年心理素质、孤独感、人际关系等因素密切相关，穆丽思（2018）发现青少年手机依赖的程度随着心理素质的提高而降低，即心理素质的水平越高，手机依赖的程度越低。张薇（2018）发现，中职生手机成瘾在无聊与人际交往关系中起部分中介作用。米继红（2017）发现孤独感、人际困扰与中职生手机依赖存在显著的相关。

2021年1月，教育部办公厅印发了《关于加强中小学生手机管理工作的通知》，要求中小学生原则上不得将个人手机带入校园，强调将手机管理纳入学校日常管理。我校结合学校实际情况，制定了《上海港湾学校学生手机管理实施细则（暂行）》，对我校学生手机进行入校统一管理。手机管理措施阻断了学生在校随时使用手机的机会，学生的学习和生活是否有所改变，在经历一段时间的手机管理后，其心理发生了哪些变化，这些不得而知。

鉴于中职生过度使用手机的危害、教育部加强中小学生手机管理工作的通知和学校有关学生使用手机的相关管理措施，本研究致力于探索中职生手机入校管理后的心理变化和教育引导方法，了解中职生手机依赖现状，分析中职生手机入校管理后的心理变化，探究学生手机管理的教育引导措施。

综合以往研究，提出研究假设：

（1）目前中职生手机依赖状况不容乐观；

（2）中职生手机依赖在性别、年级、学习成绩、户口、父母受教育程度、每周生活费等变量上存在显著差异；

（3）手机入校统一管理后，中职生的人际关系、抑郁、焦虑、孤独感、学业拖延、积极情绪、学习投入、主观幸福感都较之前有显著的改善。

二、研究方法

（一）研究对象

本研究选用上海港湾学校在校中职生为研究对象。共发放250份问卷，回收246份，剔除无效问卷23份，有效问卷为222份，有效回收率88.9%。其中男生167人，占75.2%；女生 55 人，占 24.8%。中职一年级103 人，占 46.4%；中职二年级90人，占 40.5%；中职三年级29人，占13.1%。

（二）研究工具

1.人际关系综合征断量表

该量表是由郑日昌（1999）等人编制，共28道题目，包括 4 个维度：与人交谈、交友交际、待人接物、异性朋友。每个维度包含7个题目。本研究中Cronbach’ α 值为0.892。

2.状态焦虑量表

状态焦虑量表（STAI-state），由斯皮尔伯格（Charles D. Spielberger）等人编制，首版于1970年问世，主要用于评定个体即刻的或最近某一特定时间或情境的恐惧、紧张、忧虑与神经质的体验或感受。量表有20个题目，采用四点评分法，量表上的得分越高，反映受试者该方面的焦虑水平越高。本研究中Cronbach’ α 值为0.908。

3.孤独感量表

本研究使用罗素尔（ Russell） 等人编制的孤独感量表(UCLA第三版，1998)，该量表包括 20 道题目，采用 1～4级计分方法。最后所得孤独感总分即为每道问题的得分相加总和，所得分数越高，表明孤独感程度越高。通过常模可知，得到总分超过 44 分说明孤独感很强。本研究中Cronbach' α 值为0.876。

4.正负性情绪量表（PANAS）

正性负性情绪量表由沃斯顿（ Watson）在 1988 年编制。该量表包括积极（PA）和消极（NA）两个维度，每个维度分别有 10 个描述不同情感或情绪的词汇。量表采用五点计分，该量表的信度效度都较好，数值越大，情绪越积极。本研究中 Cronbach' α 值为0.889。

5.学习投入量表（UWES-S）

学习投入量表由肖费勒（Schaufeli）等（2002）编制，方来坛、时勘和张风华（2008）修订。该量表共17个项目，包括活力、专注和奉献3个维度。采用Likerts 57 级计分，分数越高，表示学习投入水平越高。本研究中Cronbach' α 值为0.956。

6.中学生学业拖延问卷

该问卷由左艳梅（2010）制定，问卷中一共有 17 道题目，有延迟计划、延迟完成、延迟补救、延迟总结4个维度。使用Likerts 5点计分，总分越高，表示拖延程度越严重。本研究中 Cronbach' α 值为0.931。

7.青少年主观幸福感

本研究采用张兴贵（2004）编制的青少年主观幸福感量表，该量表由整体的主观幸福感和友谊、家庭、学校、学业、环境与自由6个维度构成，一共36个题目，采用7级计分。本研究中Cronbach' α 值为0.957。

8.青少年自评生活事件量表

本研究采用刘贤臣等人（1997）编制的量表，该量表包括 27 个条目，主要包括人际关系、学习压力、受惩罚、丧失、健康适应和其他6个分量表。

采用 5 点计分法，所有条目之和为量表总分，被试得分越高，表示其受到负性生活事件的影响越大。该量表具有较高的信效度，被广泛应用。本研究中Cronbach’ α 值为0.931。

9.手机依赖指数量表

本研究选用梁永炽（2008）编制的手机依赖指数量表(MPAI)测量中职生的手机依赖状况。该问卷共计17道题目和 4 个维度，即低效性、逃避性、失控性、戒断性。量表采用5点计分，总分越高，表示手机依赖程度越高。本研究中 Cronbach’ α 值为0.885。

（三）数据的处理与统计

数据统计分析软件选用的是 SPSS 25.0 软件，采用配对样本 t 检验、独立样本t检验和单因素方差分析对数据进行了分析。

三、研究结果

（一）手机使用情况的描述统计

中职生手机使用情况见表 1。

表1　研究对象的年级、性别及手机使用情况

		人数	百分比/%
年级	中职一年级	103	46.4
	中职二年级	90	40.5
	中职三年级	29	13.1
性别	男	167	75.2
	女	55	24.8
手机使用年限	≤6 个月	9	4.1
	6个月 ~ 1 年	35	15.8
	1 ~ 2 年	75	33.8
	3 ~ 4 年	61	27.5
	≥5 年	42	18.9

续表

		人数	百分比/%
平均每月手机消费/元	＜20	17	7.7
	20～50	27	12.2
	51～100	62	27.9
	101～150	42	18.9
	＞150	74	33.3
使用最多的手机功能	打电话	9	4.1
	发短信（微信）	65	29.3
	拍照、摄影	10	4.5
	看电影、听音乐	53	23.9
	上网	32	14.4
	玩游戏	32	14.4
	看电子书	21	9.4
使用手机最主要的动机	人际交往	51	23.0
	打发时间	53	23.9
	体现个性	5	2.3
	娱乐消遣	92	41.4
	学习或工作需要	21	9.4
平均每天使用手机时长/h	≤1	8	3.6
	2～3	66	29.7
	4～5	77	34.7
	6～7	54	24.3
	8～10	12	5.4
	＞10	5	2.3

（二）手机依赖的基本情况及人口学差异检验

手机依赖指数量表得分均值为M=1.87（SD=0.63）。失控性得分均值为M=1.93（SD=0.76），戒断性得分均值为M=1.69（SD=0.76），逃避性得分均值为M=2.07（SD=0.94），低效性得分均值为M=1.74（SD=0.76）。手机依赖及各子维度题目得分均值都小于3，说明中职生手机依赖处于中等以下水平，逃避性得分均值在2以上，相对其他维度均值较高。可见中职生使用手机作为逃避现实的工具。

采用独立样本t检验分析不同性别、是否独生、户口、家庭结构的中职生手机依赖程度，发现差异均不显著。

方差分析检验不同学习成绩的中职生手机依赖情况，结果逃避维度组间差异显著（F=4.09，$p<0.05$），学习成绩优的学生得分均值为M=1.98（SD=0.87），学习成绩良的学生得分均值为M=1.96（SD=0.90），学习成绩一般的学生得分均值为M=2.39（SD=1.05）。用LSD 法进行事后检验，两两对比不同学习成绩得分的均值，成绩优和成绩良的学生均与学习成绩一般的学生手机依赖差异显著。

方差分析检验不同生活费的中职生手机依赖情况，总分（F=3.08，$p<0.05$）、逃避（F=3.16，$p<0.05$）和失控（F=4.10，$p<0.05$）组间差异显著。总分：100元及以下，M=1.91（SD=0.64）；100～200元，M=1.95（SD=0.64）；200元以上，M=1.71（SD=0.58）。用LSD法进行事后检验，两两对比，每周生活费100～200元、200元以上学生的手机依赖具有显著性差异（d=0.23，$p<0.05$）。逃避维度：100元及以下，M=2.15（SD=0.90）；100～200元，M=2.18（SD=0.96）；200元以上，M=1.83（SD=0.92）。用LSD法进行事后检验，两两对比，每周生活费100～200元、200元以上学生的手机依赖具有显著性差异（d=0.35，$p<0.05$）。失控维度：100元及以下，M=1.95（SD=0.73）；100～200元，M=2.06（SD=0.82）；200元以上，M=1.72（SD=0.65）。用LSD法进行事后检验，两两对比显示，每周生活费100～200元、200元以上学生的手机依赖具有显著性差异（d=0.33，$p<0.05$）。

方差分析不同家庭经济情况的中职生手机依赖情况，组间差异显著（见表2）。两两对比发现，家庭月收入在2 000～3 000元与7 000～10 000元（d=0.53，$p<0.05$）、10 000元以上（d=0.51，$p<0.05$）的手机依赖差异显著，4 000～5 000元与5 000～7 000元（d=0.49，$p<0.05$）、7 000～10 000元（d=0.56，$p<0.05$）、10 000元以上（d=0.54，$p<0.05$）差异显著，家庭月收

入处于中等水平的中职生手机依赖程度最高。

表2　手机依赖的家庭经济差异

		手机依赖	低效	戒断
1 000元以下/月	MD	1.85	1.50	1.88
	SD	0.87	0.71	1.24
1 000 ~ 2 000元/月	MD	2.27	2.11	2.33
	SD	0.65	0.77	0.63
2 000 ~ 3 000元/月	MD	2.27	2.00	2.25
	SD	0.85	0.89	0.97
3 000 ~ 4 000元/月	MD	2.03	1.98	1.95
	SD	0.64	0.67	0.79
4 000 ~ 5 000元/月	MD	2.30	2.15	2.24
	SD	0.66	0.81	0.99
5 000 ~ 7 000元/月	MD	1.82	1.63	1.54
	SD	0.49	0.75	0.60
7 000 ~ 10 000元/月	MD	1.75	1.56	1.58
	SD	0.63	0.65	0.71
10 000元以上	MD	1.76	1.74	1.56
	SD	0.59	0.80	0.66
F		3.24^{**}	2.09^{*}	3.94^{***}

注：$^{*}p<0.05$；$^{**}p<0.01$；$^{***}p<0.001$。

皮尔逊极差相关分析生活事件和手机依赖的相关性，发现生活事件与手机依赖总分（r =0.425，$p<0.01$）、低效（r =0.425，$p<0.01$）、失控（r =0.425，$p<0.01$）、逃避（r =0.425，$p<0.01$）、戒断（r =0.425，$p<0.01$）均呈显著正相关，生活事件得分越高，手机依赖程度越高。

（三）手机入校管理后中职生心理变化情况

配对样本t检验分析中职生人际关系、状态焦虑、孤独感、积极情绪、主观幸福感、学习投入、学业拖延的一测和二测情况，发现人际关系及交友交际子维度困扰、积极情绪、学习投入总分、学习投入专注维度、学习投入活力维度、学业拖延的一测和二测均值均有显著差异（见表3）。

表3　人际关系、积极情绪、学习投入和学业拖延的差异

	一测		二测		t
	M	SD	M	SD	
人际关系综合征断	7.55	6.27	6.64	6.41	2.22^{*}
人际关系交友交际	0.36	0.29	0.32	0.29	2.57^{*}
积极情绪	2.73	0.96	3.01	0.90	-4.08^{***}
学习投入总分	2.79	0.83	2.91	0.86	-2.35^{*}
学习投入专注	2.75	0.85	2.86	0.88	-2.14^{*}
学习投入活力	2.69	0.89	2.82	0.89	-2.36^{*}
学业拖延	3.03	0.80	2.88	0.74	2.55^{*}

注：$^{*}p<0.05$；$^{**}p<0.01$；$^{***}p<0.001$。

结果显示二测的人际困扰比一测明显降低，积极情绪有明显提升，学习投入、专注和活力子维度都有明显的提升，学业拖延情况有明显的下降。

四、研究讨论

（一）中职生手机依赖的现状

研究发现，中职生手机拥有率为100%，使用年限较长，月消费较高，手机在中职生的学习和生活中扮演着重要的角色。中职生使用手机功能较多的是短信（微信），说明中职生使用手机主要目的是与人交往，符合中职生身心发展特点，同伴关系在中职生生活中占据重要的一部分，青春期的中职生尤其需要获得同伴的肯定和接纳，在同伴中得到理解、尊重、自信。中职生使用手机主要的动机是娱乐消遣、打发时间和人际交往。

手机依赖及各子维度的题目得分平均值均小于3，逃避维度相对其他维度较高，我校中职生手机依赖程度处于中下水平，使用手机主要作为逃避现实的工具。与邢楠楠（2020）研究得出的中职生对手机依赖程度处于中等以上水平并不一致，逃避子维度得分均值高于其他子维度的结果一致，与高洋（2017）

得出的中职学生总体手机依赖程度不高的结果一致。研究施测的时候，手机入校管理已有一段时间，学生手机使用受到了一定的限制。

手机依赖在性别、户口、是否独生、单亲与双亲、父母受教育程度上没有差别。学习成绩一般的学生更依赖于手机逃避现实，成绩优和良的学生有更好的应对现实的方式，往往有较好的时间管理和自我控制能力。每周生活费越高，可支配事项就越多，不会局限于玩手机来娱乐消遣，对手机依赖的程度相对较低。家庭月收入越高的中职生，对手机娱乐的依赖程度就相对较低，与陈艳等（2018）大学生家庭社会经济地位与手机依赖呈显著正相关的结果不一致。中职生正处于青春期，是对外界好奇、要与外界建立联系的时候，手机使用受到家长和学校的控制与监督，课业和升学压力较大，所以相对大学生的手机依赖较少。

中职生生活事件与手机依赖程度显著正相关，那些触发个体压力、消极情绪且难以应付的来自客观世界的生活事件是中职生手机依赖的部分来源。中职生尚未成年，处理应激事件的方式和能力都不够成熟，他们往往会沉迷手机逃避现实。

（二）中职生手机入校管理后的心理变化

1.焦虑、孤独感、主观幸福感等心理变化不显著

中职生手机入校统一管理后，随着时间的推移，焦虑、孤独感和主观幸福感都没有显著的变化，而人际关系困扰、积极情绪、学习投入、学业拖延都有显著的变化。究其原因，焦虑、孤独感及主观幸福感的评价主观性较强，更受多重影响因素的作用，如人格特征、人际关系、家庭教育、生活事件等，即使脱离手机的过度使用，短时间内也难以看到显著的变化。

2.人际困扰逐渐减少

二测人际困扰显著低于一测，而人际关系的与人交谈、待人接物、与异性朋友相处维度上没有明显的改善。结果符合中职生的发展状态，手机入校统

一管理后，使用手机的时间和机会受到了限制，同学之间面对面交流的机会更多，需要尝试让自己进入社交活动，反而锻炼了中职生社交胆量和社交能力，一定程度上减少了其在社交行为方面的困扰，主要表现在社交场合和集体活动中真诚热情，拘谨、紧张逐渐减少。但是其人际交往技能并不是很成熟，缺乏一定的技巧，容易遇到挫折。

3.积极情绪明显提高

相对一测的积极情绪，二测发现学生积极情绪有了显著提高，过度使用手机，学生容易产生焦虑等消极情绪，而限制对手机的使用，学生主动积极与人交往，投入学校的素质教育活动中，相比面对手机，隔着屏幕与人交流，学生能够感受到朋友间的真诚和温暖，在兴趣爱好中获得心灵的满足，在参加各种活动中收获成就感，所以即使在手机统一管理一个月的时间内，学生的积极情绪也得到了相当大的提升。

4. 学习更加投入

学习投入及专注、活力子维度的一测和二测均值差异显著。以往学生手机放在自己身边，或存放于教室的手机袋里，下课可以随时拿到手机，分散学生的课堂注意力，影响学习的专注，学生沉迷手机，长期接受现成的信息，影响思考能力，养成了学习的惰性。手机统一管理后，学生也就没有了随时拿手机的期待，更加专注课堂，逐渐将心思放在日常学习活动中，对学习更加投入，学习的状态越来越好。

5.学业拖延情况改善

学生学业拖延的二测得分均值显著低于一测得分均值，学业拖延有了明显改善。手机管理后，中职生减少了使用手机的机会，便逐渐减少了对手机的沉迷，有了学习任务也能够及时完成，制定学习计划，及时更改学习中的错误，学业拖延情况有了明显的改善，即便手机管理仅仅进行了短短两个月，效果依然明显。

五、研究结论

本研究结论如下：

（1）中职生手机依赖水平处于中下水平。

（2）中职生手机依赖在性别、年级、户口、是否独生、家庭结构、父母受教育程度上无显著差异，在学习成绩、每周生活费用、家庭经济上差异显著。学习成绩一般的学生手机依赖程度较高，每周生活费和家庭月收入中等水平的中职生手机依赖程度较高。

（3）中职生生活事件与手机依赖呈现显著正相关。

（4）手机入校管理后，随着时间的推移，焦虑、孤独感和主观幸福感没有显著变化，人际关系困扰、积极情绪、学习投入和学业拖延有显著变化。人际困扰及交友交际子维度有显著减少，积极情绪和学习投入水平有显著提高，学业拖延水平显著降低。

六、中职生手机管理教育引导措施

（一）科普手机依赖知识，引导科学使用手机

手机依赖对心理和身体都有极大的危害，但是手机同时也给中职生带来了便利，甚至是课堂教学的辅助。教育者可以对学生进行手机依赖危害的科普，帮助其觉察自己手机的使用情况，引导学生科学合理地使用手机。

（二）针对性教育，整体性引导

学习成绩一般的中职生对沉迷手机逃避现实的程度更高，教育者可以有针对性地关注成绩一般的学生，树立其对手机使用的正确认知，增强学生面对现实的应对能力，提升抗挫折能力，培养良好的心理素质。学生每周生活费和家庭月收入处于中等水平的中职生手机依赖程度较高，提醒教育者关注“中间学

生”，对家庭经济水平处于中间的学生的手机使用加强关注，及时科学地进行教育引导。中职生在性别、年级、户口、是否独生、单亲与双亲、父母受教育程度上手机依赖差异并不显著，对手机管理的教育措施要进行整体性引导。

（三）加强人际交往，提高人际交往能力

加强中职生人际交往有益于中职生的身心健康发展，但是中职生未成年，处于自我统一性整合期，对自己和他人的认识不够全面、客观，在人际交往中缺乏主动性，容易紧张拘谨，与异性交往把握不好尺度，往往会遭遇人际挫折，因此教育管理者要关注中职生人际交往技巧的培养，关注青春期的异性交往，提高中职生人际交往能力，合理地使用手机满足人际交往的需求。

（四）合理调节情绪，增强积极情绪体验

手机入校统一管理后，中职生的积极情绪有明显的提升，教育者在手机管理中关注学生的情绪调节，通过课程教育、开展社团活动、学生趣味运动会、班团队会、团体心理辅导等活动，帮助学生及时合理调节不良情绪，增强积极情绪体验。

（五）科学进行手机管理，发挥手机积极功能

手机入校管理在一定程度上对中职生的人际关系、积极情绪、学习投入、学业拖延等有良好的积极作用，但有时候中职生的学习和生活离不开手机的帮助，通过手机可以进行人际交往、放松休闲、打发时间、阅读电子书籍，满足学习和生活的需要，学生使用手机能够及时查阅、分享学习资料，手机有时是课堂的辅助工具，有些信息教学需要借助手机软件达成，所以手机管理不能一刀切，要做到因时因事地发挥手机的积极功能，为教育教学提供帮助。

（六）用心了解学生，关注心理健康

学生的成长环境是不断变化的，生活中的压力事件容易增加学生的心理压力，影响学生的心理健康。生活事件是中职生手机依赖的部分来源，中职生处理应激事件的方式和能力都不够成熟，遇到压力事件，容易沉迷手机逃避现实。教育者要用心观察学生的思想和心理变化，跟踪了解学生的学习和生活状态，心理健康教育队伍及时发挥教育辅导作用，及时解决学生的心理问题，提高学生的心理健康水平。

参考文献：

［1］王雅.中职生无聊感与手机成瘾现状和人际关系的关系研究[D].上海：华中师范大学,2018.

［2］陈艳,薛雨康,连帅磊,等.家庭社会经济地位对手机依赖的影响:主观幸福感的中介作用[J].中国特殊教育,2018(8):80−84.

［3］万娇娇.青少年生活事件、手机依赖、情绪智力、学业倦怠的关系研究[D].信阳:信阳师范学院,2020.

［4］米继红.中职生父母教养方式与手机依赖的关系:孤独感与人际关系的中介作用[D].石家庄:河北师范大学,2016.

［5］侯娟,朱英格,方晓义.手机成瘾与抑郁:社交焦虑和负性情绪信息注意偏向的多重中介作用[J].心理学报,2021,53(4):362−373.

［6］邢楠楠.中职生心理韧性对手机依赖的影响:自我控制的中介作用[D].长春:吉林大学,2020.

党史学习教育视域下的中国工运史研究

齐　颖

摘　要：中国工运史是党史的重要组成部分。加强党史学习教育，做到学史明理、学史增信、学史崇德、学史力行，必然要求我们学习好、研究好党领导的百年中国工运史，总结借鉴宝贵历史经验，传承好中国工运的红色基因，为新时代续写中国工运的新篇章凝聚磅礴伟力。

关键词：中国共产党党史　中国工运史　学习　研究

2021年2月20日，习近平总书记在党史学习教育动员大会上指出:一部党的历史也可以说就是一部中国工人运动史，我们党的一百年，是矢志践行初心使命的一百年，是筚路蓝缕奠基立业的一百年，是创造辉煌开辟未来的一百年。一百年来，中国工人阶级和工会组织在党的领导下，开展了轰轰烈烈的工人运动，为中国革命、建设、改革、复兴的宏伟事业作出了历史性贡献。

一、牢记习近平总书记关于党史的重要论述，做好工运史的研究者、传承人

党的十八大以来，习近平总书记围绕党史发表了一系列重要论述。这些论述内涵丰富、思想深刻，是习近平新时代中国特色社会主义思想的重要组成部分，既为全党深入开展党史学习教育和党史研究指明了方向，也为做好工运史

研究工作提出了新的要求，提供了根本遵循。在全体党员中开展中共党史的学习教育，当然包括党领导的中国工人运动史的学习教育。

1.做好工运史研究是学习贯彻习近平总书记关于党史重要论述的必然要求

中国工会是中国共产党领导的工人阶级群众组织，中国工运事业和工会工作是党领导的工人阶级的伟大事业，中国工运史是党史的重要组成部分。工会组织是我们党联系职工群众的桥梁和纽带，是社会主义国家政权的重要社会支柱。加强党史学习教育，做到学史明理、学史增信、学史崇德、学史力行，必然要求我们学习好、研究好党领导的百年中国工运史，总结借鉴宝贵历史经验，传承好中国工运的红色基因，为新时代续写中国工运的新篇章凝聚磅礴伟力。因此，我们要在工运史研究工作中，认真学习贯彻习近平总书记关于党史的重要论述，准确把握、系统总结党领导的工运事业和工会工作的光荣历程，正确揭示中国工运史的主题、主线和本质，始终坚持研究工作的正确政治方向，为工运事业的发展提供源源不断的智力支持。

2. 科学认识和把握中共党史与中国工人运动史的辩证关系

中国工人运动史就是中国工会组织在新民主主义革命、社会主义革命和建设、改革开放和社会主义现代化建设、新时代中国特色社会主义不同时期，践行党的初心使命、为中华民族接续奋斗的发展历史。百年工运历史，既是党领导工人阶级不断为实现民族独立、人民解放和国家富强、人民幸福而不懈奋斗的历史，也是党坚持把马克思主义工运理论同中国工运实践相结合、不断探索走出一条中国特色社会主义工会发展道路的历史。

工运史工作是党和工运事业的重要组成部分，在工会工作大局中具有不可替代的重要地位和作用。学习和研究工运史有助于总结和借鉴工人运动的丰富经验和汲取必要的教训，为我们今天做好新时代的工会工作和开展好工人运动提供借鉴；有助于更好地宣传、继承和弘扬中国工人阶级和工会的光荣传统，鼓励各级工会干部和职工群众发展工人阶级的先进性，建功新时代；有助于向全社会宣传工人阶级和工会的作用与贡献，用工人阶级的先进思想，如劳动精神、劳模精神和工匠精神影响全社会，为社会主义核心价值观的培育和弘扬展现作为；有助于进行爱国主义和国际主义教育，进一步加强同国际工人阶级的团结和合作，讲好中国故事、中国工人阶级和工会故事，扩大中国工会的国际影响，为促进建立新型国际工运关系、构建人类命运共同体贡献中国方案；有助于工会干部，特别是领导干部提高文化素养和思想政治修养，提高工作能力和领导水平，丰富做好工会工作的经验和智慧，把握工会工作和工人运动规律。

二、百年中国工运史是百年中共党史的重要组成部分

1921年7月，党的第一次全国代表大会通过的《中国共产党第一个决议》明确规定，党在当前的“基本任务是成立产业工会”，开展工人运动。其中第四条就提出：“成立工人运动研究机构，研究中国工人的运动问题。……研究的成果应定期发表。”一百多年来，波澜壮阔的中国工运实践形成了丰厚宝贵的历史资源，有关工运史的研究也积累了丰富的成果，留下了大量珍贵史料。

回顾中国工运发展的历史，大致分为如下9个阶段：①在中国工人运动初期，中国共产党是在中国人民和中华民族伟大觉醒中、在马克思主义同中国工人运动相结合的过程中产生的，是中国革命和发展的客观需要。②在新民主主义革命时期，中国工人运动始终与党领导的革命紧密结合。③在土地革命时期，工人阶级积极投入武装反抗国民党统治和创建革命根据地的斗争中。④在抗日战争时期，工人阶级为抗击日本侵略者同仇敌忾，为中华民族取得抗日战争的最后胜利作出了重要贡献。⑤在解放战争时期，工人阶级把争取和平民主、反对内战独裁运动作为工人运动的主要任务。⑥中华人民共和国成立后，中国工人阶级从被剥削被压迫阶级转变成为国家的领导阶级，中国广大职工群众成为企业的主人、国家的主人，1950 年《中华人民共和国工会法》颁布实施，有力推动了新中国工人运动的发展，工人运动有了法律保障。⑦中华人民

共和国成立初期，面对尽快恢复生产、发展经济、巩固政权等重要任务，工人阶级责无旁贷担当起新生人民政权柱石的历史使命，成为恢复和发展国民经济的主力军。⑧在改革开放新时期，新一版的《中华人民共和国工会法》正式颁布实施。1994 年《中华人民共和国劳动法》颁布。工会组织把突出工会维护职能、促进劳动关系协调稳定作为工人运动的重点任务。⑨中国特色社会主义进入新时代，为实现中华民族伟大复兴的中国梦而奋斗，是中国工人运动的时代主题。以习近平新时代中国特色社会主义思想为指导，坚持走中国特色社会主义工会发展道路，忠诚党的事业，竭诚服务职工，团结动员亿万职工，为决胜全面建成小康社会、夺取新时代中国特色社会主义伟大胜利而奋斗。

中国工人运动在中国共产党的领导下，正以雷霆万钧之势、排山倒海之力，向建设社会主义现代化国家新征程大步迈进。

三、积极推进党史、工运史的学习、研究，做合格的工会干部

1. 在中共党史学习教育活动中坚持党史、工运史学习教育的有机融合

中共党史与党领导的工人运动史是辩证的统一。中共党史中包含着党领导的工人运动，即党领导的工人运动是党的全部历史的重要组成部分，因此，中共党史的学习教育当然是包括中国工人运动史的学习教育。

新时代工运史学习研究，必须以马克思列宁主义、毛泽东思想、邓小平理论、“三个代表”重要思想、科学发展观和习近平新时代中国特色社会主义思想，特别是工人阶级和工会思想为指导，紧紧围绕党和国家工作大局、工会工作全局，坚持以史为鉴，高举中国特色社会主义伟大旗帜，坚持党的思想路线，坚持围绕中心、服务大局，坚持党性原则和科学精神的统一。要在学习历程、总结经验、把握规律、弘扬楷模、传承精神中，使工会系统的广大党员干部受到一次深刻的洗礼，从而切身感悟到中国工会和工人阶级始终坚持科学理论指导、坚定不移跟党走的内在道理，更加清醒地认识到中国工会和工人运动

是从哪里来和要向哪里去，更加坚定在新阶段、新征程中，始终跟党走、开拓创新。

2.创新学习方法，以饱满的热情投入党史、工运史的学习中

学习方法是达成党史、工运史学习教育目的的重要手段。首先，分层学习，相互结合。对于各级工会党员领导干部要提高学习教育的要求，使其着重从理论政策、经验启示、规律趋势等重大问题上深入钻研和把握，努力提高理论政策水平和领导能力，对于普通工会党员干部则要求了解辉煌历程、重大事件、英模人物和伟大精神，激励起干事创业、昂扬向上的精神状态。其次，线上线下学习互相结合。线上学习教育开放灵活、受众面广，可增强传播效果，同时再结合线下学习教育的面对面优势，会进一步增强党史、工运史学习教育的多样性和实效性。线下开展党史、工运史红色资源的走访和学习，使这些场所成为工会系统党员干部党史、工运史学习教育的红色基地。再次，充分利用传统渠道和新媒体，相互结合。要充分发挥报纸、期刊、广播、电视等传统媒体的主渠道作用，利用其优势加之符合时代特点的丰富多样的党史、工运史内容来吸引受众，增强宣传效果。同时也要发挥网络等新媒体作用，以多种现代新颖的展示方式和超强的速度，传播党史、工运史，使之更具时代性，更易于为工会党员干部特别是年轻的工会党员干部所接受。

3. 积极推进党史、工运史的学习、研究，做合格的工会干部

坚持党史、工运史学习教育的有机融合，在指导理论层面，就是要坚持正确的指导思想，即坚持以习近平新时代中国特色社会主义思想包括习近平总书记关于工人阶级和工会工作重要论述为指导，尤其是要以习近平总书记关于党史、国史、历史学习教育的有关论述为指导，要通过开展学习教育活动，使工会系统的广大党员干部掌握马克思主义的立场、观点、方法，学会用正确的历史观去分析看待党史、工运史问题，准确地把握其主流和本质。在具体内容层面，就是要深刻了解和把握百年来中国共产党团结带领中国工会和工人阶级在革命、建设、改革和进入新时代各个历史阶段所走过的光辉历程，不忘初心，

弘扬光荣传统；就是要深刻了解和理解百年来中国共产党把马克思主义工运理论中国化，在结合中国工运具体情况进行实践探索中形成的适合中国国情的科学工运理论和方针政策；就是要深入了解和总结中国共产党和其所领导的工会、工人阶级在百年奋斗，特别是改革开放和新时代的奋斗历程中所形成的基本经验和规律，在新时代坚定不移地走中国特色社会主义工会发展道路；就是要了解和启发新时代工会怎样坚持自觉接受党的领导，加强自身改革和建设，更好履行维权服务基本职责的新思路、新实践。总之是要通过上述内容的学习教育，切实使工会系统的广大党员干部在思想理论、信仰信念和实践能力上有一个新的跃升，以适应在新时代、新征程中发展工运事业的需要。

参考文献：

[1] 习近平.在庆祝中国共产党成立100周年大会上的讲话[N].太原日报,2021-07-02(2).

[2] 中华全国总工会.工会基础理论概论[M].北京:中国工人出版社,2006.

[3] 邓中夏.中国现代史资料丛刊・中国职工运动简史（1919—1926）[M].北京:人民出版社,1949.

[4] 中国工运研究所编写组.中国工会简史[M].北京:中国工人出版社,2020.

职业院校学生职业能力提升研究

林　景

摘　要：习近平总书记指出，在全面建设社会主义现代化国家新征程中，职业教育前途广阔、大有可为。职业教育肩负着为全面建设社会主义现代化国家提供坚实的技能人才支撑的重要使命。职业教育的发展既为职业院校的学生提供了更远、更宽阔的发展平台，也向职业院校提出了更高、更多元的人才培养要求。一个优秀的技术技能人才，不但要有扎实的理论基础、过硬的技术技能，更要有高尚的品德、良好的职业素养。如何使学生成为一个高素质技术技能人才，是每个职业院校积极探索和实践的目标。

本文从职业院校人才培养目标出发，分析职业院校学生提升职业素养和职业技能的重要途径。结合职业院校人才培养方案，提出通过系统的理论和实践活动提升职业素养，以及专业建设、师资队伍建设、实习实践、校园文化建设提升职业技能的设想。

关键词：职业院校　职业素养　职业技能　校企合作

一、职业院校人才培养工作特点

随着中国经济进入高质量发展新阶段，整个社会对高素质技术技能型人才的需求更加旺盛。我国技术技能型人才人数与世界上的制造强国相比，仍有差距。实现经济增长方式由粗放型向集约型转变、改造提升传统产业、发展壮大新兴产业、实现由中国制造向中国创造转变，都需要更多的高素质技术技能型人才，需要更多能工巧匠、大国工匠的支撑。要解决这些问题，职业教育就必须把握新发展阶段、贯彻新发展理念、构建新发展格局，加大对职业教育的投入，发展高质量职业教育，不断增强职业教育适应性，提高技术技能型人才培养质量。

高素质技术技能人才必须具备从事具体职业所需的技能、在职场中所需的职业素养及职业生涯管理能力，这些统称为职业能力。职业院校的人才培养必须以行业需求为出发点，系统设计、统筹规划，聚焦职业素养和职业技能，突出专业特色，完善课上课下、线上线下、校内校外协同育人体系，多角度、多层次培养人才，帮助学生掌握从事职业必须要掌握的专业技能、融入职场生活的多方应对能力、寻求更高层次职业发展的自我发展能力，为行业输送所需人才。

二、职业院校提升学生职业素养的途径

职业素养教育如果是空洞的、枯燥的说教，很难取得成效。要选择一种学生易于接受、愿意接受的形式，同时这种形式的内容包含着很强的思想性，具有良好的实践意义，这样的职业素养教育才能取得实效。职业院校的学生，喜欢追求沉浸式的体验，通过理论与实践相结合的职业素养提升活动，可以使娱乐性与思想性、教育性达到完美的统一，使职业素养教育落细、落小、落实。

职业院校的学生就业指向性非常高，因此学校要以专业为导向、以年级为单位、以第二课堂为抓手、以能力提升为本位，通过形式多样、灵活机动的形式，将素养提升与学校的社团活动相结合，系统设计学生素养提升活动，分阶段做好通识教育和个性化培训。第一阶段，为了帮助新生尽快接纳职业教育，适应职业院校的学习生活，帮助他们积极调整心态，以更加阳光、自信的心态投入新的学习环境中，职业院校可以将学生的职业形象培养列为社团活动

重点，开展职业形象塑造、气质举止训练、文明形象养成、文明举止修炼等方面的培训，提升学生个体的自信和素质。第二阶段，为了提升学生在工作中的沟通能力和人际关系处理能力，职业院校可以以就业为导向、以专业为单位，针对不同就业方向的学生开展职业沟通话术训练，帮助学生清晰表达自己的观点、倾听别人的观点、及时获取有效的信息、给予适时合理的反馈、提升沟通的有效性，提升学生对外交流的智慧和能力。第三阶段，为了帮助学生顺利地通过投简历、面试、实习等一系列的职场洗礼，职业院校可以开展职业规划、职场礼仪和求职礼仪培训活动，帮助学生正确认识自己将要从事的行业人才的专业和素质需求，分析自我能力和职业的匹配度，从而使学生树立正确的职业观、择业观、成才观，掌握职业生涯规划的能力，为职业的长期发展做好充足的准备。

三、职业院校提升学生技能的途径

职业教育区别于普通教育的一大特点就是，职业教育培养技能型人才，让学生掌握所从事岗位的职业技能，并能够运用到实际工作中。学生在校期间要学习专业的理论知识，同时接受系统的操作训练，为今后迅速适应生产一线的工作做好充足的准备。

（一）加大专业建设驱动力

随着人工智能等高新技术的应用与推广，行业对专业技术人员的要求不断提升。职业院校要紧跟时代人才发展需要，调整专业布局，培养复合型专业人才，提高专业核心竞争力。职业院校要深入推进校企合作形式，在制定人才培养方案中借助企业的力量，邀请企业组成专业团队，参与学校课程优化、实训室建设、专业建设、教材编写等方面的工作。通过企业对学校现有人才培养方案进行“把脉”，并根据相关行业对学生专业知识要求、职业素养要求、工作任务和职业能力要求等企业的实际需求开出“药方”，动态调整人才培养方案，不断适应行业的新岗位、新技术、新要求，形成育人整体合力，实现企业与学校共赢的目标。

（二）激发教师队伍活力

职业院校承担着培养符合企业技术要求的人才的艰巨任务。但是科学技术发展日新月异，技术的更新换代非常迅速，这就要求教学一线的老师能够掌握最新的行业技术，并及时教授给在校学生，帮助学生掌握最新技术，以便更好地适应岗位。在此前提下，职业院校要加强教师在职教育的整体规划与资源统筹，持续提升教师的专业素养，建设一支师德高尚、结构合理、具有宽泛专业知识和职业技能、与学校目标定位相匹配的一流教师队伍。聘请企业技术人员走进课堂，担任专业教学的特聘教师，针对实操性较强的课程进行授课。特聘教师能更好地将理论联系实践，就工作真实场景中会遇到的实际业务，对学生进行针对性实习培训及强化训练，提高学生的学习兴趣，帮助学生掌握最新行业技术，为学生进入企业工作打好坚实的基础。组织教师到企业实践，了解企业的生产组织方式、工艺流程、产业发展趋势等基本情况，熟悉企业相关岗位职责、操作规范、技能要求、用人标准、管理制度、企业文化等，学习所教专业在生产实践中应用的新知识、新技术、新工艺、新材料、新设备、新标准等，为课堂教学做好充足的准备。

（三）打造学生实践平台

学生在课堂上所学的专业知识还只是停留在理论知识或模拟实践上，学生要进入企业进行实习实践，在实践中检验学习成果，在实践中锻炼操作技能。职业院校可以依托校企合作单位，搭建学生实习实践的平台，有效衔接学校与企业，实现理论与实践的配合对接。与企业共享技术力量，签订长期合作协议，共同管理实习就业学生，深化专业技术技能人才培养方案，真正将技能培养落地。学生由企业专家带入企业进行见习，通过走访参观、实训实习模式，有效扩展技能指导。由专业技术人员进行示范指导、校方专业老师全程带队双管齐下，全面跟踪学生的实习进度，对学生的实习效果进行个性化评估和指导。

（四）创新校园文化体系

职业院校不仅要架起学生认识企业和社会的桥梁，进一步巩固学生的专业思想，开阔学生的视野，更为重要的是使学生全面了解职业人所应该具备的素质结构和能力储备，弘扬“工匠精神”“劳模精神”，营造了人人皆可成才、人人尽展其才的育人环境，为实现中华民族伟大复兴的中国梦提供有力的人才和技能支撑。职业院校可以深挖提炼办学优势、行业专业知识体系中所蕴藏的育人元素，将特色优势转化为培养“未来工匠”的不竭动力，创建校园文化品牌。例如，开展“行业能手进校园”活动，邀请行业中的劳模、杰出校友走进学校，与学生面对面，讲述自己如何从一名普通的技术人员成长为技能大师的故事，介绍目前的科技创新成果与“中国智造”的最新趋势，帮助学生了解行业的用人要求，使学生发现并发掘自身所学专业的优势、价值及自身潜能，进一步加强学生对于专业学习与探究的兴趣及意愿，以及传递“爱岗敬业，奋战在最前线”的责任意识与“积极进取，敢为天下先”的使命担当。

四、总结

职业院校在人才培养的过程中，要紧跟时代的步伐、洞悉行业的用人需求、整合行业的资源，不断创新人才培养的模式，为学生步入行业打下良好的基础，让学生在行业中能够实现可持续的职业发展。

参考文献：

[1] 王九程.高职生基本职业素养课程体系构建[J].湖北工业职业技术学院学报,2014,27(1):23−26.

[2] 张祥霖,杨俭修.高职生职业素养[M].济南:山东人民出版社,2014.

[3] 李涛.基于职业能力提升的高校社团建设探索[J].教育理论与实践,2019,39(21):38−40.

[4] 俞洋，罗印升，郭占涛.现代职教体系下校企深度产教融合的实践探索[J].职教论坛,2019(8):135−139.

[5] 李红卫.劳模参与“劳模进校园”活动现状的调查[J].工会博览,2021(6):29−30.

图书馆借阅数据分析和思考

——以图书馆流通管理系统近五年借阅数据为例

王静芬

摘　要：纸质图书借阅数据可以直观反映读者阅读需求，是确定图书采选计划和馆藏布局规划的重要依据之一，也为阅读推广指明了方向。利用图书馆流通管理系统中的图书借阅数据，从资源、读者、利用三个维度将各类流通数据进行整理、分类和汇总，通过分析、调研数据背后的逻辑和成因，思考图书馆在调整图书采购、跟进阅读推广、规划藏书布局三个层面的策略，以期做好图书采购质量控制，提高阅读推广有效性，优化图书馆藏布局，为学校教学、科研和学生综合素质提高服务。

关键词：图书馆　借阅数据　流通数据

一、引言

上海港湾学校是一所全日制综合性的中等专业学校，隶属于上海海事大学。学校图书馆成立于1964年，经过建馆以来的长期积累和近些年的大力投入，校内图书馆各类馆藏资源丰富，至2021年底，图书馆系统显示图书馆共有馆藏图书71 368种、191 237册，分布于图书馆南楼三个楼层、北楼四个楼层的千余平方米的空间内。自1999年有系统借阅记录以来，共借阅图书427 589册次。目前，校内读者主要由继续教育学院的高职学生、港湾学校的中职学生和在校教职工三部分组成。

二、三维分析

（一）资源分析

提取图书馆流通管理系统中2017年1月1日至2021年12月31日的借阅数据，经统计，共有774位读者参与借阅7 227种、13 237册图书，被借图书按分类号统计册数和所占比例，如表1所示。

表1　借阅图书按类计册和占比表

分 类	册数	比例	分 类	册数	比例
I（文学）	7 447	56.26%	U（交通运输）	111	0.84%
K（历史地理）	1 302	9.84%	O（数理化学）	80	0.60%
H（语言文字）	1 111	8.39%	Z（综合类）	71	0.54%
B（哲学宗教）	802	6.06%	Q（生物科学）	53	0.40%
F（经济）	472	3.57%	E（军事）	40	0.30%
T（工业技术）	432	3.26%	A（马、列、毛、邓）	34	0.26%
J（艺术）	408	3.08%	N（自然科学总论）	32	0.24%
G（文教体育）	323	2.44%	P（天文地球）	24	0.18%
D（政治法律）	172	1.30%	S（农业科学）	4	0.03%
C（社科总论）	162	1.22%	X（环境科学）	4	0.03%
R（医药卫生）	150	1.13%	V（航空航天）	3	0.02%

I（文学）类图书借阅册数最高，占56.26%，其次是K（历史地理）类图书、H（语言文字）类图书和B（哲学宗教）类图书。以上4类图书的借阅量占总借阅量的80.55%。9类图书借阅量均不到0.6%。

最热门文学类图书是借阅了157次的《十宗罪》，其次是借阅了65次的《哑舍》和56次的《奇货》，如图1 所示。最热门非文学类图书是借阅了53次的《明朝那些事儿》，其次是借阅了18次的《半小时漫画中国史》和17次的《看得见的中国史》，英语、数学的学习类图书和人生观、心理学的自我提升类图书也较热门，如图2 所示。借阅次数不小于5次的非文学类的热门图书中，占比最高的三类图书是H（语言文字）类图书、K（历史地理）类图书和B（哲学宗教）类图书。

图1　文学类借阅图书词频图

图2　非文学类借阅图书词频图

451家出版社出版的图书存在借阅记录，最高借阅记录是湖南文艺出版社的图书，共有881次借阅记录。北京联合出版公司的图书共有674次借阅记录，南海出版公司和百花洲文艺出版社的图书均为470余次借阅记录。借阅次数超过100次的出版社共有32家。图3展示了港湾读者喜爱的出版社。

在近4 000位有借阅记录的作家中，超过10次借阅记录的作家有219位。图4展示了港湾读者喜爱的作家。东野圭吾的图书借阅次数高达481次，其次是蜘蛛（213次）、南派三叔（178次）、余华（122次）。

图3　港湾读者喜爱的出版社

图4　港湾读者喜爱的作家

（二）读者分析

为了解各类读者参与图书借阅的情况，将774位参与借阅图书的读者，按教职工、中职生、高职生三类身份统计参与借阅图书的人数和借阅册数在借阅总人数和总册数的占比，如表2所示。

表2　三类读者参与借阅人数和册数概况

身　份	借阅册数	册数占比	参与借阅人数	人数占比
教职工	4 936	37.29%	128	16.54%
中职生	1 834	13.86%	220	28.42%
高职生	6 467	48.86%	426	55.04%

为了解五年间每一年读者参与借阅情况，将三类读者按每年参与图书借阅的读者人数和借阅图书册数进行统计，如表3所示。

表3　每年参与借阅图书的三类读者人数和借阅册数统计表

年　份	总人数/册数	教工人数/册数	中职人数/册数	高职人数/册数
2017年	328/3 038	74/1 190	80/452	174/1 396
2018年	339/3 357	85/1 357	76/280	178/1 720
2019年	295/3 360	74/925	65/239	156/2 196
2020年	144/1 057	51/532	30/135	63/390
2021年	232/2 425	71/932	67/728	94/765

在五年内，参与借阅的教职工群体虽然在三类群体中人数占比最少，实际有借阅权限的读者量也最少，但借阅量不少，相较于学校教职工总人数而言，参与比例高，每年约有70多位教职工参与图书借阅，2020年因特殊原因例外。按照目前在职教职工人数计算，每年参与图书借阅的教职工占教职工总人数的70%左右，五年内几乎所有教职工都参与了图书借阅。

参与借阅的中职学生的人数占比少，借阅量少，相较于在校人数，参与比例较低，参与借阅人数占所有参与借阅人数的不到30%。2017年至2021年（除2020年），平均参与借阅人数为72人，按在校人数300人计算，约占24%，可挖掘潜力大。表3中，2021年中职学生借阅图书册数异常增加，后台数据显示20级机电一体化贯通班三位同学图书年借阅量人均近百册，且班上多位同学借阅量超过平均水平。

高职学生参与借阅的人数占比最高，总体借阅量最高。无论从借阅量占比还是参与借阅人数来看，高职学生是参与图书馆图书借阅的主力军。相对于中职学生，高职学生的借阅参与比例较高，参与借阅人数绝对数量也较多。但表3数据显示，2020年至2021年参与图书借阅人数急降，分析背后原因，2020年因特殊原因开馆时间较短，除此以外，可能与在校学生人数减少有关。

为分析三类读者的阅读兴趣差异，按图书分类统计了三类读者的借阅册数对比，如图5所示。

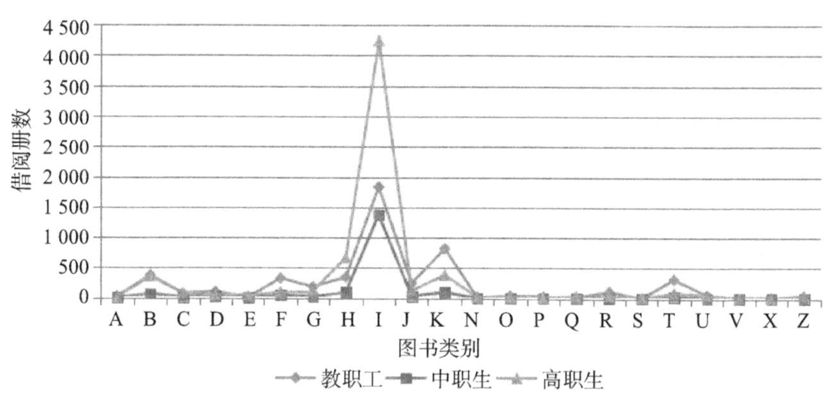

图5　三类读者各类图书借阅总量对比图

为减少读者群体人数不均的影响，按三类读者借阅各类图书量占图书总借阅量占比来查看各类读者的真实阅读兴趣，如图6所示。

教职工读者的阅读兴趣较为广泛，虽然文学类图书借阅量排第二，但文学类图书占比是三类读者中最低的。除大家广泛喜爱的文学类图书以外，教职工对历史地理类图书的兴趣相较于学生更为高涨，对哲学宗教类、经济类、教科文体类、语言类、艺术类、工业技术类也都有一定的借阅量，有别于中职学生和高职学生。

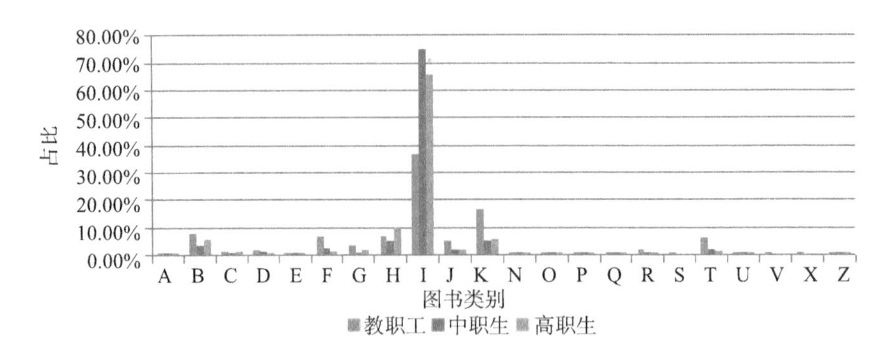

图6　三类读者各类图书借阅占比对比图

中职学生对文学类图书的借阅占比高达75%，统计后台数据发现最感兴趣的是I247.5中长篇小说，借阅了727册次，占所有文学书的52.91%；其次是I313.45日本小说作品，借阅了324册次。感兴趣的图书类别有文学类、历史地理类、语言文字类、哲学宗教类和经济类，对其他类别的图书兴趣不大。

高职学生文学类图书的总借阅量在三类人群中最高，但是分类借阅占比并不是最高的，他们的兴趣爱好比中职生广泛，有别于教职工和中职学生，其语言文字类图书的借阅量较高，分析后台数据，大部分为H31英语类图书，调研发现他们有学习英语、提高英语、通过等级考试的需求。

（三）利用分析

为了解经费使用效率，按年份统计五年内，每年图书经费的投入和使用情况，如表4所示。2017—2019年，每年借阅总量逐步提升，2020年因特殊原因开馆时间短，借阅量锐减，2021年借阅量有所恢复。从数据来看，图书借阅册数和借阅图书金额与投入的经费、采购册数相关性不大。在五年的使用数据中，2021年的借阅图书的实洋（折扣后价格）超过当年的投入量，如将借阅图书的金额按码洋（图书标价）计算的话，则五年借阅图书金额均超过采购金额。

表4　五年图书经费投入及图书借阅统计表

年 份	借阅册数	借阅图书金额/元	采购册数	采购金额/元
2017年	3 038	112 000.56	4 906	150 000.00
2018年	3 357	128 553.11	6 460	200 000.00
2019年	3 360	136 156.74	4 331	150 000.00
2020年	1 057	45 109.23	3 094	120 000.00
2021年	2 425	101 532.01	2 758	100 000.00

分析近五年存在借阅记录图书复借的情况，如表5所示，4 839种图书有一次借阅记录，约占所有被借阅图书种类的66.96%；6 117种图书有两次以内（含两次）借阅记录，占84.65%。

表5　图书重复借阅情况汇总

图书种类	借阅次数	图书种类	借阅次数	图书种类	借阅次数
4839	1	19	11	3	21
1278	2	14	12	2	22
472	3	9	13	1	23
237	4	8	14	1	45
126	5	3	15	1	53
65	6	3	16	1	56
52	7	3	17	1	65
34	8	2	18	1	157
27	9	3	19		
21	10	1	20		

分析五年内存在借阅记录图书的出版年份，如图7所示，1年即为出版1年内图书借阅比例，2年即为出版2年内图书借阅比例，往后依此类推。一本注定有读者借阅的图书，在出版5年内被借阅的比例为50%左右，8年内被借阅的比例为80%左右，10年内被借阅的比例为90%左右，13年内被借阅的比例为95%左右。

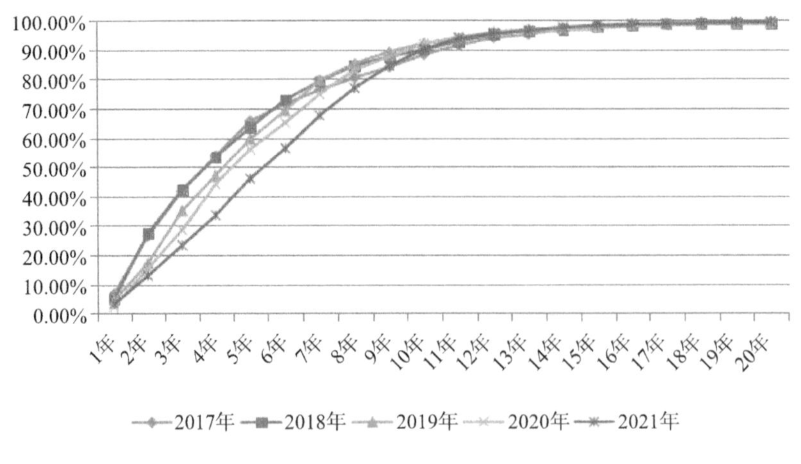

图7　出版第*N*年被借阅图书的比例图

三、思考

（一）调整图书采购策略

1.契合读者需求

增加订购借阅量占80%以上的文学类、历史地理类、语言文字类和哲学宗教类图书。其中，文学类图书是三类读者共同的兴趣点，分析文学类图书的二级分类，着重订购读者关注最多的I2、I5、I3和I7类图书。借阅比例低于0.6%的图书类别，以读者推荐为主，少量订购畅销图书。另外需畅通图书推荐渠道，方便读者推荐图书，还可邀请有意愿参与图书采选的读者，携手参与图书采购工作，共同建设图书馆馆藏。

2.符合评估要求

贴合读者需求的同时，注重馆藏比例结构的协调性，根据《中等职业学校图书馆评估指标体系》《中等专业学校图书馆规程》《上海市中等职业学校图书馆等级评估指标体系》《上海市中等职业学校图书馆规程》的规定和要求，采集的文献以满足学校教育、教学、科研工作的需要为主，兼顾其他需要，确保专业文献（含文化教育文献）不少于总藏量的70%。

3.调整采购复本

按现行图书馆采购政策，馆藏图书普遍购买2个复本，而单价较高图书则购买1个复本。考虑66.96%的图书仅有一次借阅记录，应调整现有采购政策。对受众人群较少的图书，采取减少图书复本、增加图书种类的措施，而对于部分较热门图书可采购多个复本，以满足更多读者需求，提高经费利用率。

（二）跟进阅读推广策略

1.加大阅读推广力度

学生读者尤其是中职学生读者参与图书借阅的比例低，或许可从阅读量最高的文学类图书着手，结合当下热点，循序渐进推广更多优秀读物。考虑到学生读者特点，采用立体阅读的方式，利用导读资源的引导、纸质图书的阅读、视听资源的演绎，让读者便于从多维度理解图书内容，拓展阅读能力。

2.提倡同伴图书推荐

2021年参与图书借阅的中职生人数变化不大，但借阅量异常增加，经了解，20级机电一体化贯通班郭同学、杜同学、蔡同学互相分享推荐图书，提高了中职年度图书借阅量，带动了班级同学的图书阅读氛围。由此看来，同伴推荐图书更容易促发借阅行为，邀请班级内同学进行阅读推广，或许是一种更为高效的阅读推广途径。

（三）规划调整藏书布局

1.调整藏书位置

根据图书使用情况，及时将南楼二楼书架上部分出版十年以上老旧图书移至北楼书架集中安置，将北楼热门图书移至方便读者借阅的南楼书架。对于有多个复本的图书，如借阅量不大，可将多余复本调整到北楼书架。在书库日益紧张之时，可考虑北楼图书单复本集中摆放。

2.设立专题书架

为满足各类读者对图书的个性化需求，图书馆提供精准服务，可按需提供专题书架，方便读者借阅，也可综合各论坛图书推荐排行、畅销图书排行及本馆图书借阅排行等，筛选出热门图书进行展示，提高图书借阅量。

四、总结

利用图书馆流通管理系统，定期统计分析馆藏图书借阅数据，充分发挥数据的诊断和反馈功能，进而指导图书馆未来工作，改进工作思路，有助于促进图书馆提高采购质量、优化馆藏布局、提升服务品质，对于图书馆的长效发展大有裨益。

中等职业学校预算绩效评价体系的建立与运用

彭敬竹

摘　要：学校事业单位是财政性教育经费的重点流向对象，但在预算绩效评价管理方面仍然存在一系列的不足。中等职业学校在面临职业教育发展的“黄金机遇”时，更需要建立规范透明和有约束力的预算管理制度及绩效评价制度，进而提高学校的预算绩效管理水平、管理质量及学校可持续发展能力。本文首先介绍了中等职业学校预算绩效评价体系的现状，接着介绍了构建预算绩效评价体系的方法，最后分析了预算绩效评价体系在中等职业学校的运用。

关键词：中等职业学校　预算绩效评价　平衡计分卡　层次分析法

一、引言

近年来，据中华人民共和国教育部发布的《全国教育经费执行情况统计快报》数据看出国家对中等职业学校经费投入力度持续增长。2016年全国中等职业学校生均公共财政预算教育事业费支出增幅为11.56%，全国中等职业学校生均公共财政预算公用经费支出增幅为9.93% (Anon., 2017)。2017年全国高中阶段教育经费总投入为6 637亿元，比上年增长7.82%，其中，中等职业教育经费总投入为2 319亿元，比上年增长4.33% (Anon., 2018)。2018年全国高中阶段教育经费总投入为7 184亿元，比上年增长8.23%，其中，中等职业教育经费总投入为2 463亿元，比上年增长6.17% (Anon., 2019)。2019年全国高中阶段教育经费总投入为7 730亿元，比上年增长7.53%，其中，中等职业教育经费总投入为2 617亿元，比上年增长6.20% (Anon., 2020)。2020年全国高中阶段教育经费总投入为8 428亿元，比上年增长9.14%，其中，中等职业教育经费总投入为2 872亿元，比上年增长9.97% (Anon., 2021)。

各中等职业学校面对新的发展趋势和发展机遇，要想实现学校科学长效发展，必须提升预算管理水平，完善健全预算绩效评价体系。然而，传统的预算管理方法已越来越不能适应时代发展的需要。如何有效地对该投资资金、资源进行合理配置，努力提高资金使用效率，实现预算管理与绩效管理的有效整合是每个中等职业学校财务管理人员面临的新课题。

二、中等职业学校预算绩效评价体系运用现状

当今国家大力发展职业教育、深化教育体制改革给中等职业学校带来了生机与活力。许多中等职业学校也凭借着职业教育改革机遇加强自身品牌建设，依托当今职业教育发展趋势，抓住政府大力投资的机会，通过预算申报方式获取投资资金。但由于单位预算管理制度的建设不到位，预算顶层设计不完善，学校建设长远规划预计不足，虽然得到了资金投入，却出现大量资金投入仅换来短期收益，甚至是资源闲置现象。

目前，大部分中等职业学校预算绩效评价体系结构不够完善和健全，具体体现在以下6个方面：

（1）没有设置专门的预算绩效管理机构，多数中等职业学校的预算管理工作由财务处指定人员完成，或非财务部门人员完成。在国家、教育部提出全面实施预算绩效管理后，也没有设置独立的预算绩效管理机构。独立预算绩效管理部门的缺失使学校在预算管理方面的考核与监督存在一定的缺失，严重地影响了实施全面预算管理工作的进度，使得中等职业学校预算绩效管理工作进度比较缓慢（宫景玉，2020）。

（2）没有建立一套完善的预算绩效管理制度，缺乏有力的绩效监督管理机制，导致预算监督管理不到位，对预算资金的使用效率低下、预算指标完成进度缓慢、偏离预算绩效目标等问题监控不到位，无法充分利用绩效评价结果（史云婧，2020）。

（3）绩效评价体系管理人员力量不足，缺乏专业、高效的预算绩效管理队伍，对专业人员的培训力度和深度不够，导致预算绩效管理模式无法注入新的管理方法，降低了预算绩效管理时效。

（4）预算绩效管理信息化、建设不完善，预算绩效激励约束机制不够健全，影响了预算绩效管理的效果（马国贤、李艳鹤，2012）。

（5）预算绩效评价指标的设置也尚未形成一个成熟、科学、合理的体系。评价指标较单一，缺乏全覆盖的指标评价体系。中等职业学校不同于需要资金投入和利润产出的闭环式企业，又不同于具有社会职能的一般公共事业单位。中等职业学校既有资金的投入（包括财政性拨款和事业收入），又有某种程度上的“产出”（主要指学生培养质量和服务经济发展）。而现行的预算绩效评价主要以财务绩效评价为主（如预算执行率、预算收入完成率等）。预算绩效评价的内容过于强调预算执行的进度和期末预算执行的完成情况，而“预算执行进度”再快、“预算调整率”再低，也只能代表预算在既定情况下的效率表率，并不能说明预算执行的效果实质（王正君，2020）。

（6）在绩效评价的实践过程中，预算绩效评价方法的选择及权重的设计并未受到足够的重视，指标的确定直接影响指标评价的结果。而实际中，评价指标赋权过于主观性，掺杂着个人喜好及其他人为因素，没有统计学的科学计算方法，缺乏科学性及严谨的方法支撑（马蔡琛、赵青，2018）。

三、构建中等职业学校预算绩效评价体系的方法

目前国内外学者对构建绩效评价体系的方法有很多，主要包括平衡计分

卡、层次分析法、熵权法、数据包络分析法。本文将着重介绍平衡计分卡、层次分析法这两种构建绩效评价体系的方法。

（一）平衡计分卡

平衡计分卡（Balanced Score Card，BSC）源于20世纪90年代，是一种绩效管理和绩效考核工具。该方法围绕组织的战略目标，从财务、顾客、内部业务流程、学习与成长四个维度出发，分别设计出适量的绩效衡量指标（Kaplan R. S., 1992）。通过将这四个维度与企业战略目标和日常管理活动相结合起来，从而建立综合衡量的指标体系，帮助企业更好地找出影响实现战略目标过程的关键因素，进而发现企业管理过程中存在的问题。

从企业角度来看，财务维度解决的是“我们应该怎么做才能使股东满意”，衡量的是企业的经营活动对于企业财务状况的贡献。财务维度是传统的绩效考核的核心指标之一，也是其他三个维度的起始点和最终目标。顾客维度解决的是“为了达到远景，我们应该像客户展示什么”，衡量的是顾客对企业产品和服务的满意程度。内部业务流程维度解决的是“为了满足客户和股东，哪些流程必须表现卓越”。在日益竞争的市场环境中，企业要不断改进内部业务流程来提高企业的生产效率，实现股东利益最大化，提高顾客的满意程度。学习与成长维度解决的是“为了达到远景，我们如何维护变革和改革能力”，强调要重视企业和员工的学习与成长。只有通过不断的学习与创新，企业才能够为顾客和股东创造更多的价值，实现企业的战略目标。

中等职业学校是以培养技术技能型人才为目标的职业教育，并非以盈利为目的，因此平衡计分卡方法下的四个维度与企业大不相同。

（1）顾客维度。中等职业学校的“产品”是学校提供的教育服务，教育服务所面对的直接客体就是学生，其最终结果和目的是为社会培养大量高级应用型人才。学生希望在校能够学到更多的知识和技能，用人单位希望学校能够培养满足其要求的人才。对于中等职业学校而言，其“顾客”主要是学生、学生家长、用人单位等。因此，顾客维度可以设置“学生满意度”“学生就业率”“学生升学率”“学生毕业率”“家长满意度”“就业单位满意度”“生均实习工位数”“生均教学仪器设备占比”“生均图书”“师生比”“校企合作数量增长率”“生均事业支出”等。

（2）财务维度。此维度主要是从学校财务收入、预算收入、预算编制、预算执行、预算控制、管理费用等方面出发。对于中等职业学校而言，虽然政府对中等职业学校的经费投入在逐年增加，但资金的不足会严重制约中等职业学校的发展。同时在面临生源不足的压力下，只有足够的资金支持才能使中等职业学校在激烈的竞争中求得生存和长远的发展。设置“学费收入增长率”“学费占总收入比率”指标有利于督促相关部门稳定学校的招生人数。另外，在学费收入有限的增长下，相关部门也有义务增加筹措资金的方式，例如，“社会捐助收入”“社会培训收入”等作为预算绩效考核的指标有利于激励部门为学校增加收入来源。从预算编制角度来看，设置“人员支出编制标准率”与规定的标准水平相比较衡量，设置“政府采购计划率”来衡量预算的编制是否有效。从预算执行角度来看，可设置“预算完成率”“预算调整率”“结转结余率”“政府采购执行率”来衡量预算的执行情况。财务维度不仅要关注学校的收入，还要关注资金的支出，“固定资产利用率”的指标有助于衡量学校的资产使用效率。

（3）内部业务流程维度。对于中等职业学校而言，职业教育是提供职业教育服务的服务行业，在考核内部业务流程维度时，要重点考核行政人员的工作效率、服务质量、工作流程合理度，以及与其他部门的协调程度。内部业务流程维度主要是通过“管理制度完善健全”“资金使用规范”“经费执行信息公开透明”“经费项目执行满意度”等指标来对中等职业学校的内部管理层面的发展进行考核。

（4）学习与成长维度。该维度主要是分析学校的创新能力及发展状况，可设置指标“双师型教师比例”“教师培训费比例”“学科建设成果转化率”“教师职称评比率”“教科研成果获奖率”“师生竞赛获奖率”“教学成果转化率”“教师人均科研经费比率”等来对师生发展层面进行考核。

基于平衡计分卡，建立表1所示的预算绩效评价体系框架。

表1　中等职业学校预算绩效评价体系框架

层面	衡量指标	指标含义
财务层面	学费占总收入比率	反映学校的自有资金情况及学校的规模
	社会捐助收入	反映学校的收入来源情况
	社会培训收入	反映学校的收入来源情况
	人员支出编制标准率	与规定的标准水平相比较衡量
	政府采购计划率	衡量政府采购预算编制与按照规定应纳入政府范围的采购数比值
	政府采购执行率	（实际政府采购数/预算数）×100%；反映政府采购资金比率
	预算完成率	衡量预算的执行率
	预算调整率	衡量预算执行效率
	结转结余率	衡量预算资金使用情况
	固定资产利用率	衡量固定资金的利用效率
顾客层面	学生满意度	衡量学生的满意程度
	学生就业率	就业率越高，说明技能型人才培养目标效果越好
	学生升学率	反映在校生学业水平
	家长满意度	衡量学校的培养效果是否使家长满意
	就业单位满意度	衡量学校人才的培养质量
	生均教学仪器设备率	衡量在校生的学习设备条件是否充足
	生均实习工位数	衡量在校生的实习条件
	生均图书	衡量在校生可享受的读书资源
	师生比	衡量学校师资比率
	校企合作数量增长率	衡量学校校企合作资源是否呈增长趋势
	生均事业支出	衡量学校对学生的培养质量
内部业务流程	预算管理制度完善健全	衡量预算管理的规范性
	资金使用规范	衡量预算资金使用的规范性
	经费执行信息公开透明	衡量经费的公开透明，考核资金的使用规范
	经费项目执行满意度	衡量项目的完成效果及满意程度
学习与成长维度	双师型教师比例	衡量中等职业学校双师型师资占比人数
	教师培训费比例	衡量学校对教师的培养比例

续表

层面	衡量指标	指标含义
学习与成长维度	学科建设成果转化率	衡量学科建设的效果
	教师职称评比率	衡量对师资力量的培养
	教科研成果获奖率	衡量教科研成果量
	教学成果转化率	衡量学校教学成果质量
	师生竞赛获奖率	衡量教师及学生的发展
	教师人均科研经费比率	衡量学校对教师科研经费的支持力度

（二）层次分析法

层次分析法（AHP）是20世纪70年代中期，美国运筹学研究社、匹兹堡大学教授萨蒂（Thomas L. Saaty）在研究“基于各生产部门对美国GDP的贡献的电力分配”的过程中，借鉴相关理论和评价方法而提出的一种赋权决策方法(Yoram Wind, 1980)。该方法是将与实现战略目标有关的因素分为目标层、准则层和指标层等层次，目标层包含不同的准则层，每个准则层又包含不同的指标层，依次递进，构成一个体系，最后在此体系的基础上进行定性和定量分析。基于层次分析法构建中等职业学校预算绩效评价体系的目标层、准则层及指标层如表2所示。

表2　预算绩效评价指标层次

目标层A	准则层B	指标层C
中等职业学校预算绩效评价体系	财务层面B_1	学费占总收入比率C_{11}
		社会收入C_{12}
		人员支出编制标准率C_{13}
		政府采购计划率C_{14}
		政府采购执行率C_{15}
		预算完成率C_{16}
		预算调整率C_{17}
		结转结余率C_{18}
		固定资产利用率C_{19}

续表

目标层A	准则层B	指标层C
中等职业学校预算绩效评价体系	顾客层面B_2	学生满意度C_{21}
		学生就业率C_{22}
		家长满意度C_{23}
		就业单位满意度C_{24}
		生均教学仪器设备率C_{25}
		生均实习工位数C_{26}
		生均图书C_{27}
		师生比C_{28}
		校企合作数量增长率C_{29}
		生均事业支出C_{20}
	内部业务流程B_3	预算管理制度完善健全C_{31}
		资金使用规范C_{32}
		经费执行信息公开透明C_{33}
		经费项目执行满意度C_{34}
	学习与成长维度B_4	双师型教师比例C_{41}
		教师培训费比例C_{42}
		学科建设成果转化率C_{43}
		教师职称评比率C_{44}
		教科研成果获奖率C_{45}
		教学成果转化率C_{46}
		师生竞赛获奖率C_{47}
		教师人均科研经费比率C_{48}

四、建立预算绩效评价体系模型计算指标权重

（一）构建判断矩阵

（1）将准则层中的元素两两比较，确定指标的相对重要性，然后将指标层中与同一个准则层相对应的元素两两比较，同样确定两个指标的相对重要性，这样就构成了两两判断矩阵（如表3所示）。相对重要性的确定如表4所示。

表3　构建判断矩阵

B	C_1	C_2	C_3	…	C_n
C_1	C_{11}	C_{12}	C_{13}	…	C_{1n}
C_2	C_{21}	C_{22}	C_{23}	…	C_{2n}
…	…	…	…	…	…
C_n	C_{n1}	C_{n2}	C_{n3}	…	C_{nn}

表4　“1–9 标度法”

尺度	含义（d_i与d_j相比得d_{ij}）
1	d_i与d_j一样重要
3	d_i稍微较d_j重要
5	d_i明显较d_j重要
7	d_i强烈较d_j重要
9	d_i极端较d_j重要
2 4 6 8	两因素的重要性介于 1 3 5 7 9
倒数	d_i与d_j相比得d_{ij}，$d_{ij}=1/d_{ji}$

（2）对各指标权重系数进行计算。分别求解各个指标的权重，计算方法如下：

首先，计算矩阵每行元素的乘积M_τ：

$$M_\tau = \prod_{j=1}^{n} a_{ij}\ (i = 1,2,\ldots,n)$$

再次，计算各行M_τ的n次方根：

$$W_\tau = \sqrt[n]{M_\tau}$$

接着，对各权重进行归一化处理：

$$W_i = \frac{\overline{W_i}}{\sum_{i=1}^{n} W_i}$$

最后，得出经归一化处理后的各指标权重：

$$W_i = (W_1, W_2, \ldots, W_n)$$

（3）进行判断矩阵的一致性检验；

首先，求判断矩阵的最大特征根λ_{max}：

$$\lambda_{max}=\frac{1}{n}\sum_{z=1}^{n}\frac{(Bw)_I}{w_I}$$

然后，建立一致性评价指标CI：

$$CI=(\lambda_{max}-n)/(n-1)$$

最后，计算一致性比率CR=CI/RI，CR＜0.1，则通过一致性检验，符合指标重要性判断逻辑（表5）。

表5　平均随机一致性检验标准值表

n	1	2	3	4	5	6	7	8	9	10	…
RI	0	0	0.52	0.9	1.12	1.24	1.32	1.41	1.45	1.49	…

（二）计算指标权重

结果如表6所示。

表6　权重计算结果

目标层A	准则层B	权重	指标层C	权重
中等职业学校预算绩效评价体系	财务层面B_1	W_1	学费占总收入比率C_{11}	W_{11}
			社会收入C_{12}	W_{12}
			人员支出编制标准率C_{13}	W_{13}
			政府采购计划率C_{14}	W_{14}
			政府采购执行率C_{15}	W_{15}
			预算完成率C_{16}	W_{16}
			预算调整率C_{17}	W_{17}
			结转结余率C_{18}	W_{18}
			固定资产利用率C_{19}	W_{19}
	顾客层面B_2	W_2	学生满意度C_{21}	W_{21}
			学生就业率C_{22}	W_{22}
			家长满意度C_{23}	W_{23}
			就业单位满意度C_{24}	W_{24}
			生均教学仪器设备率C_{25}	W_{25}

续表

目标层A	准则层B	权重	指标层C	权重
中等职业学校预算绩效评价体系	顾客层面B_2	W_2	生均实习工位数C_{26}	W_{26}
			生均图书C_{27}	W_{27}
			师生比C_{28}	W_{28}
			校企合作数量增长率C_{29}	W_{29}
			生均事业支出C_{20}	W_{20}
	内部业务流程B_3	W_3	预算管理制度完善健全C_{31}	W_{31}
			资金使用规范C_{32}	W_{32}
			经费执行信息公开透明C_{33}	W_{33}
			经费项目执行满意度C_{34}	W_{34}
	学习与成长维度B_4	W_4	双师型教师比例C_{41}	W_{41}
			教师培训费比例C_{42}	W_{42}
			学科建设成果转化率C_{43}	W_{43}
			教师职称评比率C_{44}	W_{44}
			教科研成果获奖率C_{45}	W_{45}
			教学成果转化率C_{46}	W_{46}
			师生竞赛获奖率C_{47}	W_{47}
			教师人均科研经费比率C_{48}	W_{48}

（三）计算预算绩效结果

结果如表7所示。

表7　预算绩效计算结果

目标层A	准则层B	权重	指标层C	权重	综合权重	当量值	绩效成绩
A	B_n	W_n	C_{ij}	W_{ij}	$W_n \times W_{ij}$	X_n	$W_n \times W_{ij} \times X_n$
…	…	…	…	…	…	…	…

五、预算绩效评价体系的运用

（一）横向比较年度预算绩效的执行效果

通过计算并比较M年与N年的预算绩效成绩，可横向比较不同年度的预算绩效成绩及各指标的预算绩效评价情况，以便于管理者分析不同年度的经费预算的执行情况，如表8所示。

表8　横向比较年度预算绩效的执行效果

目标层A	准则层B	权重	指标层C	权重	综合权重	M年当量值	M年绩效成绩	N年当量值	N年绩效成绩
A	B_1	W_1	C_{11}	W_{11}	$W_1 \times W_{11}$	X_1	$W_1 \times W_{ij} \times X_1$	Y_1	$W_n \times W_{11} \times Y_n$
…	…	…	…	…	…	…	…	…	…
…	B_n	W_n	C_{nn}	W_{nn}	$W_n \times W_{ij}$	X_n	$W_n \times W_{nn} \times X_n$	Y_n	$W_n \times W_{nn} \times Y_n$
总成绩							$\sum_1^n W_n \times W_{nn} \times X_n$		$\sum_1^n W_n \times W_{nn} \times Y_n$

（二）纵向比较各部门年度预算绩效的执行效果

基于平衡计分卡（BSC）来建立各部门目标层，用层次分析法（AHP）计算各目标层权重，并通过各部门年末绩效评价分数的当量值，计算各部门的预算绩效成绩，可纵向比较不同部门的预算绩效成绩，并作为预算绩效评价考核的基础，如表9所示。

表9　纵向比较各部门年度预算绩效的执行效果

目标层A	准则层B	权重	指标层C	权重	综合权重	部门评价当量值	N年绩效成绩
A	B_1	W_1	C_{11}	W_{11}	$W_1 \times W_{11}$	X_1	$W_n \times W_{11} \times X_n$
…	…	…	…	…	…	…	…
	B_n	W_n	C_{nn}	W_{nn}	$W_n \times W_{ij}$	X_n	$W_n \times W_{nn} \times X_n$
总成绩							$\sum_1^n W_n \times W_{nn} \times X_n$

六、结论

我国的职业教育已迎来发展的“黄金时代”，而社会公众及中等职业学校本身也更加关注中等职业学校的发展质量及发展效率，并对经费使用的关注度也日益增加。因此，提升中等职业学校的教学质量及技术技能型人才培养对中等职业学校来说是任重而道远的。因此，要加快推进全面预算管理，建立“效果导向”的中等职业学校预算绩效评价体系，用有限的资金去扩大办学、提升经济与社会效益是中等职业学校面临的主要问题。通过构建预算绩效评价体系，加强对预算经费的合理使用及监管，使预算绩效评价与预算编制、预算执行、预算监督一起成为预算管理的有机部分，逐步完善中等职业学校的预算绩效评价体系，发挥预算绩效管理的作用，优化预算支出结构，提高预算绩效资金使用效益。

参考文献：

[1] 中华人民共和国教育部. 2017年全国教育经费执行情况统计公告[R/OL].（2018-11-12）[2023-06-01].http://www.mod.gov.cn/srcsite/A05/s3040/201810/t20181012_351301.htm.

[2] 中华人民共和国教育部. 2018年全国教育经费执行情况统计公告[R/OL].（2019-10-1）[2023-06-01].http://www.mod.gov.cn/srcsite/A05/s3040/201910/t20191016_403859.htm.

[3] 中华人民共和国教育部. 2019年全国教育经费执行情况统计公告[R/OL].（2020-11-01） [2023-06-01].http://www.mod.gov.cn/srcsite/A05/s3040/202011/t20201103_497961.htm.

[4] 中华人民共和国教育部. 2020年全国教育经费执行情况统计公告[R/OL].（2021-06-01） [2023-06-01].http://www.mod.gov.cn/srcsite/A05/s3040/202111/t20211130_583343.htm.

[5] 中华人民共和国教育部. 2021年全国教育经费执行情况统计公告[R/OL].（2022-12-29） [2023-06-01].http://www.mod.gov.cn/srcsite/A05/s3040/202111/t20211130_583343.htm.

[6] 施永霞,殷俊明.平衡计分卡在高校预算绩效评价中的应用探讨[J].财会通

讯,2022,908(24):161−165.

[7] 胡海梅.层次分析法在构建高校预算绩效评价体系中的应用[J].景德镇高专学报,2013,28(3):107−109.

[8] 宫景玉.高校全面预算绩效评价体系优化研究[J].会计之友,2020,639(15):121−127.

[9] 马蔡琛,赵青.预算绩效评价方法与权重设计:国际经验与中国现实[J].中央财经大学学报,2018,372(8):3−13.

[10] 马国贤,李艳鹤.论绩效评价与预算绩效管理[J].行政事业资产与财务,2012,52(13):7−11.

[11] 史云婧.高等学校预算绩效管理的相关对策[J].时代经贸,2020,518(21):42−43.

[12] 王正君.高校预算管理绩效评价指标体系研究：以Z高职院校为例[J].时代经贸,2020,512(15):28−30.

中等职业学校政府采购管理中存在的问题及对策

王　珏

摘　要：本文围绕中等职业学校政府采购管理开展深入研究，首先对政府采购相关理念作出概述，随后对当前中等职业学校政府采购管理中存在的问题及原因进行深入分析，并提出针对性解决对策，以进一步完善中等职业学校政府采购管理，提高政府采购管理水平。

关键词：中等职业学校　政府采购　采购预算

从政府采购工作本质上分析，政府采购是中等职业学校在社会经济发展下，为满足所需单位日常运营所产生的必然产物。此外，这也是政府对中等职业学校的国民经济活动采取经济、法律手段的一种干预行为，其目标是实现政府采购行为的公开透明，同时提高财政资金使用效益。我国中等职业学校开展政府采购的时间较短，虽然取得了较好的效果和成绩，但在政府采购实践环节中，仍存在诸多弊端。因此，对于中等职业学校政府采购管理阶段的现存问题开展分析，是完善中等职业学校采购管理机制、促进中等职业学校经济发展的重要举措。本文从中等职业学校政府采购工作实际出发，从采购主体、预算环节、采购法规等方面分析存在的问题，对新形势下进一步规范做好中等职业学校政府采购管理工作提出了如下思考和建议。

一、政府采购相关理念概述

（一）政府采购概念

政府采购是指各级国家机关、事业单位和团体组织，使用财政性资金采购依法制定的集中采购目录以内或采购限额标准以上的物资、工程、服务的行为。

（二）政府采购管理

开展政府采购管理，是为了保障单位能够保质保量地完成政府采购工作任务，进一步提升政府采购效率而开展的管理工作，包括单位内部政府采购工作分工、制定制约机制和具体操作流程管理，以及建立政府采购监督体系、反馈体系，最终将上述工作整合为预算采购、评估反馈、监督管理三大管理机制。

二、当前中等职业学校政府采购管理中存在的问题及原因分析

（一）采购主体方面

在中等职业学校政府采购的实际操作过程中，中等职业学校内部的各部门，甚至是各科室往往都发生不同程度的采购行为，采购主体严重分散。我国大部分中等职业学校的政府采购工作仍由学校的资产管理部门负责，没有单独成立中等职业学校政府采购职能机构，这样就造成了采购主体分散化的问题，从学校全局来看没有计划性，缺乏统一、宏观、集中的中等职业学校采购管理。因此经常会出现重复采购的现象，造成极大的浪费，没能高效地使用财政资金。

（二）预算环节方面

中等职业学校开展政府采购活动，需要开展严格的预算编制，并以采购

预算为依据和计划开展采购活动。目前我国很多中等职业学校，在开展政府采购活动阶段存在较为严重的随意性，具体体现在预算编制随意，预算执行无刚性，一些中等职业学校政府采购预算编制项目缺失，未严格按照采购项目的资金来源、数量、单价、型号、项目具体实施时间等全面开展预算编制，严重影响预算的质量和政府采购的效率。同时还存在一些中等职业学校经常在采购过程中对预算自行调整，或是进行预算追加。经调研,多数单位都存在不同程度的采购与预算不符的现象。此外，政府采购网价格更新时间与预算申报时间存在时差，会导致预算金额与采购金额不符等情况。综上所述，长久以来就造成中等职业学校预算编制、执行中的不良风气，影响了预算的严肃性和时效性。

（三）采购信息方面

采购执行是中等职业学校政府采购活动的最后一项，也是相当重要的程序之一，受到政府的全面重视，但依然存在不足之处。由于社会与政府内部的各种因素，政府相关采购执行负责部门在执行采购时用法并不合理。例如，政府采购部门公开招标活动相对较少，甚至拒绝公开招标。这样一来，就无法充分发挥政府在采购时的大数量优势，导致相关政府采购资金的不合理运营。同时，也不能体现出采购人员的公开性、合理性、廉洁性。

（四）采购法规方面

部分中等职业学校采购人员缺乏法治观念，主要体现在开展政府采购活动期间，单纯认为就是政府为单位“购买物资”，随意制定采购需求，致使采购了大量单位并没有实际需求，或是采购与实际需求不吻合的物资，即不明确采购的范围、采购的标准。如中等职业学校采购办公电脑，原本电脑就能满足单位使用，但单位人员因为缺少节约意识和成本意识，不掌握采购范围、采购标准和原则，并对需要遵循的法律制度不明确，给每人购置一台电脑，并添置一系列配件，造成重复采购、资源浪费现象，影响了财政资金使用效益。同时，还有一些中等职业学校在开展政府采购活动阶段总是以特殊性、紧迫性为借口，不按照相关规定开展采购行为。究其原因，主要是采购人员和管理者对于政府采购活动不具备应有的法治观念，同时对政府采购的概念、重要性、严肃性缺乏了解。

三、对中等职业学校在政府采购中存在问题的对策

（一）加强采购预算管理

相关政府采购部门要改善采购预算方式，可以适当地引入适合的采购预算方法，并把预算责任落实到每一个相关责任人，对所做的预算编制进行严谨的审查，保障预算准确性与可行性。同时，也要提高对采购计划预算的合理性，做好计划前充足的调研，以及有效、有序的计划措施，并严谨依照实行。

（二）完善采购管理相关法律法规

作为法治国家，完善采购相关法律法规，保障政府采购活动的纯洁性与有序性非常重要。我国已经有相对应的《中华人民共和国政府采购法实施条例》，应在遵守此法基础上设定更加细致方面的法规，给予完善。例如，设置在采购前根据相关规定严谨进行调查，或者规定政府采购部门报销时所需要带的证明等。

（三）改善采购方式

相关部门应该调整、改善采购方式，尽量最大化使用采购资金。改变以往单一额采购方式，引进、学习社会上的先进的采购方式。充分发挥政府物资采购的优势，以及资金使用优势。政府采购结合市场发展，高效率地利用、分配资金。调查清楚市场状况，避免资金不足或资金过剩等现象出现。例如，单位政府所需的物资往往集中、数量大，在资金充足的情况下，也可以尝试公开向

社会大招标。这样做既可以优化政府开支预算、充足所需物资，又可以达到建设公开、公平、公正的阳光型服务政府的目的。

综上所述，加强对中等职业学校政府采购管理的监察与实施，无论是对国家、社会市场还是对政府本身，都是十分有利的。我国作为法治的社会主义国家，一切活动都是以人民的利益为价值标准。规范中等职业学校政府的采购管理，是避免滋生腐败、倡导廉洁的有效措施。所以，政府部门只有加强对政府采购部门的管理监督，严谨采购预算，才能促进中等职业学校政府采购管理的规范化。

参考文献：

[1] 张克明.事业单位政府采购预算管理中存在的问题与对策——以A事业单位政府采购为例[J].财会学习, 2016(10):18-19.

[2] 张芬. 事业单位政府采购预算编制存在的问题及对策研究[J].现代经济信息, 2017(33):240.

[3] 张晓燕.事业单位政府采购管理中存在的问题及对策[J].中国集体经济, 2018(2):41-42.

[4] 常青,沈友娣. 高校内部控制规范的实施障碍与改进对策[J].苏州大学学报(哲学社会科学版)，2016，37(6):122-128.

[5] 张怡然.行政事业单位内部控制体系的建设分析[J].时代经贸,2016(31):65-66.

[6] 宋河发,张思重.自主创新政府采购政策系统构建与发展研究[J].科学学研究，2014,32(11):1639-1645.

[7] 余靖.浅析高校政府采购管理中存在的问题及对策建议[J].交通财会, 2020(2):61-64.

[8] 张安东,朱子男.高校政府采购招投标环节管理存在的问题及对策[J].行政事业资产与财务,2018(19):14-15.

高等学校资产管理信息系统建设与实践

徐　杰

摘　要：为满足新形势下高校国有资产管理要求，进一步规范国有资产管理，提升国有资产使用效益，确保国有资产保值增值，结合上海海事大学国有资产管理实际情况，采用信息网络技术，开发建设国有资产管理信息系统，并就该系统的总体框架、主要功能模块和使用成效进行分析研究，以便为兄弟院校的国有资产管理信息化建设提供参照。

关键词：高校　资产管理　信息化

随着我国高等教育的快速发展，尤其是近年来，国家对高等院校的经费投入力度不断加大，高校国有资产的种类和数量随着学科专业建设的广度和深度而不断扩增，管理的难度也不断增加，传统的手工核算记录或单机版本管理方式已无法满足要求，资产信息化管理要求势在必行。2009年9月财政部决定实施行政事业单位资产管理信息系统，以加强行政事业单位资产管理信息化工作，实现对资产的动态监管。2013年12月财政部印发《行政事业单位国有资产管理信息系统管理规程》(财办〔2013〕52号)，从基础管理、数据管理与应用、事项及流程管理、监督检查等方面规范行政事业单位国有资产管理信息系统建设。2019年3月《财政部关于修改〈事业单位国有资产管理暂行办法〉的决定》（财政部令第100号）提出：“事业单位应当按照国有资产管理信息化的要求，及时将资产变动信息录入管理信息系统，对本单位资产实行动态管理。”

国有资产管理信息化，就是依托先进科学的网络信息技术，利用统一的系统架构，用标准化的数据和规范的操作业务流程，将资产的申请、审批、采购、使用及报废等全部信息详细记录，全面准确地反映国有资产的管理状况，实现信息共享，提高资产利用率。建设资产管理信息系统不仅可以为决策提供依据，还能让教职工少跑路，降低服务成本。在高等学校办学规模不断扩大的时候，如何利用信息化手段，建设高效的国有资产管理信息系统是高等学校资产管理工作人员应积极探索的课题。

一、国有资产管理体制

上海海事大学国有资产的管理和使用实行“统一领导、分级管理、责任到人、管用结合”的原则。在主管校长的领导下，实行二级管理体制，各学院及职能部门是学校国有资产二级管理部门，在学校授权范围内组织实施本部门的国有资产管理工作。部门行政主要负责人是本部门国有资产管理的第一责任人，对本部门的国有资产负有全面的管理责任，二级部门配备专职或兼职资产管理员负责本部门所辖国有资产的实物管理，保证国有资产的安全和完整。定期或不定期地进行清查，保证账物相符，认真做好有关资产管理的各种统计报表工作。

在加强资产管理信息化建设和多校区分散管理的实际要求下，基于现有的国有资产管理机制，上海海事大学于 2018 年初启动全流程网络化的资产管理信息系统建设，于2018年11月正式上线运行，系统运行至今成效显著，切实提高了管理效能。

二、信息系统搭建

（一）主要架构

根据学校资产管理的实际情况，基于 Oracle数据库，采用J2EE 软件开发系统的框架，开发出基于三层B/S架构的信息系统，利用工作流引擎实现资产业务流程和管理，支持当前常见的操作系统，支持IE8及以上浏览器、360安全浏览器等主流浏览器，与学校数字平台统一身份认证对接，实现身份认证、业务提醒和移动端业务处理等多方位的集成。

（二）总体框架

资产管理信息系统是上海海事大学教职工办理资产管理业务的统一平台,主要提供从国有资产入账登记到报废处置的全方位标准服务，校内各二级部门对所保管固定资产、无形资产、低值耐用品及低值材料实施的动态管理，资产管理职能部门负责监管，为资产使用者服务，主要功能有入账登记、信息查询、资产变动、资产盘点、房产管理、资产折旧等，系统支持资产数据导出功能，能提供教育部及财政局各类报表所需数据字段。系统总体框架详见图1。

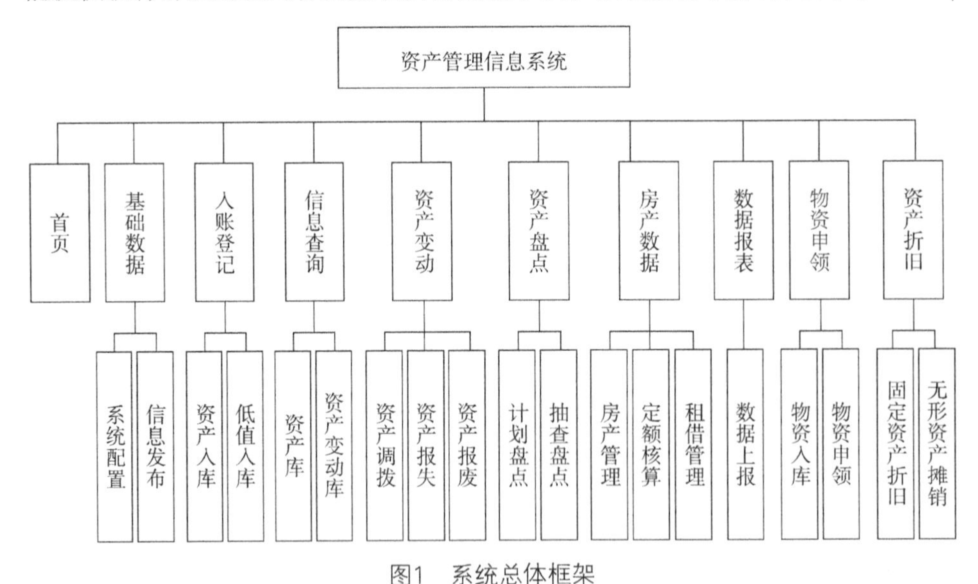

图1　系统总体框架

（三）对接情况

资产管理信息系统与学校数字校园平台对接，与学校的统一身份认证平台进行身份集成后，成为平台的一部分，为教职工提供服务，定期从人事数据库同步教职工信息，保证新老员工的有序更替。

该系统还根据教职工使用习惯,在学校网上办事中心设计了一套资产入账流程,办事中心的入账工作流与系统数据库实现对接,与资产管理信息系统自带的入账登记流程形成双登记通道，由用户自行选择登记。系统中所有流程全部与学校数字平台的消息集成，使流程的各审批节点的审核人及时收到操作提醒，提高工作效率。

（四）相关模块功能要求

1.入账登记

购建的资产验收合格后，由教职工在系统中发起入账流程，填写资产入账单，同时上传资产实物照片、发票及合同等必要附件，提交资产保管人确认，再由二级部门资产管理员确认，经二级部门负责人审核后，生成校内资产编号，同时流转给资产管理职能部门的资产管理员审核，赋予资产分类，通过后由二级部门资产管理员打印带二维码的资产标签，资产保管人将资产标签贴到拟入账资产上，并拍摄带标签的实物上传至系统中，经资产管理职能部门确认后，方可打印入账单，流程中各审核环节不通过的入账单可退回，并告知原因，审核意见栏设置了可选下拉框，便于快捷操作。入账登记流程见图2。

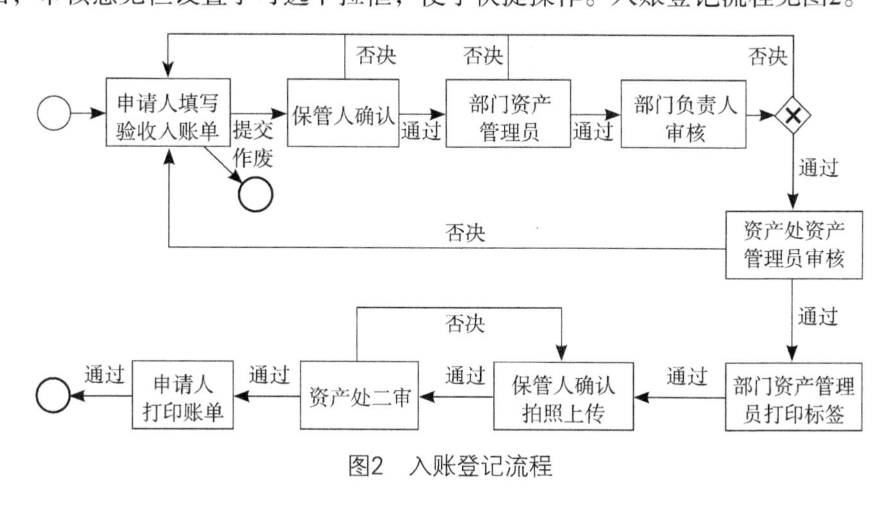

图2　入账登记流程

2.信息查询

提供按保管部门、保管人、安置地点为主线的查询字段及不同属性库的自定义查询统计功能，按照条件检索的资产卡片都有卡片台件数及卡片金额的汇总信息。其中的资产库包括固定资产库、无形资产库、低值耐用库、用户本人资产库、用户所属部门资产库，可根据用户需求在不同资产属性中切换查询，资产变动库中可查询资产变动信息，为资产的追根溯源提供线索。资产查询服务可以按照查询条件组合查询显示资产卡片数量及总金额，同时提供资产信息导出服务，导出的文件为电子表格。

3.资产变动

资产变动包括资产调拨、资产报失和资产报废。

资产调拨分为部门内资产移交和跨部门资产调拨，资产需要变更部门或保管人时进行调拨，分部门内调、跨部门调拨。资产保管人发起移交申请选择要调拨移交的资产，填写调入部门、新保管人、调拨原因等，提交审批。保管人提出的部门内调需部门内新保管人确认，经部门资产管理员确认后，提交部门负责人审批，通过后系统自动完成保管人信息变更。跨部门资产调拨则还需调入部门负责人、调入部门管理员审核，经调入部门保管人确认后，提交资产管理职能部门资产管理员审核，经资产管理职能部门负责人批准后完成信息变更，新保管人可重新填写资产的安置地点，系统自动记录资产卡片变更信息。

资产报失由资产保管人发起资产报失流程，填写报失原因，经部门负责人审批后提交资产管理职能部门进行赔偿金额核定，经资产管理职能部门负责人审定后，资产报失申请人打印相关申请单到财务部门缴纳赔偿费用，然后在资产管理信息系统中上传财务收款凭证，资产管理部门验证无误后，结束流程系统自动完成资产账务调整。

资产报废时，保管人或部门资产管理员均可发起申请，选择需要要报废的资产，其中未达报废年限的资产只能由部门资产管理员选择，部门资产管理员汇总本部门需要申请报废的资产，形成报废清单，填写报废原因等，提交部门负责人审批。大型贵重设备资产报废需组织专家论证，在系统中上传论证报告。资产管理部门在系统中审核各部门提交的报废清单，剔除出不符合报废条件的资产，或直接否决退回给申请人修改。审核通过后，资产管理部门根据报废清单联系二级部门进行实物回收，记录回收情况，并根据回收情况进行资产账务调整，纳入待报废资产库，经规定程序报废后进行资产注销。

4.资产盘点

支持计划盘点和抽查盘点，由资产管理部门新增盘点计划，选择盘点范围，即需要参加盘点的二级部门，教职工可在规定的时间内对名下保管的资产进行自查，更新资产存放地点、现状等信息。抽查盘点可指定部门或分类，在校园内可随时在系统上进行资产抽查。抽查时可指定地点，按房间逐间清查，清查结束后可统计清查率，可导出未清查到的资产清单，以及地点不一致的资产清单。

5.房产管理

展示校区建筑平面图，移动鼠标点击楼宇后可查看建筑介绍，房屋建筑栏可查询学校每幢楼宇的信息，包括所在校区、建筑结构、建筑面积、造价、房屋用途、产权证号等。房间管理栏可查询各楼宇内的每个房间信息，包括所属楼层、室号、使用面积、用途、室内所存放的资产情况，并附资产清单，实现了房产信息与资产卡片的同步关联。公有房定额核算实现了对各部门办公及业务用房的测算管理，实现了超额付费的设想。经营性活动管理实现了租借的规范管理，所有租借行为须进行申请，填写租借人信息、租金、租借开始和结束时间，选择租用的房屋信息，审核通过后，进入租借合同付款管理，房产管理员定期核对租借收款情况，及时催收租金。

6.数据报表

固化了部分常用表格，用于统计分析资产数据，展示资产分类汇总，方便与财务部门对账，可直接生成导出教育部高教司要求的高等学校实验室统计数据相关报表，还可以导出符合上海财政局资产管理系统资产卡片数据导入要求的数据文件。

7.物资申领

通过新增或删减建立耗材物资库，展示物资名称、型号、库存数量等信息，教职工填写申领单，选择相应的物资，由经费负责人审批后，到财务部门完成款项支付，即可到仓库领取相应物资，系统对物资的入库、出库自动记录，并自动计算库存物资情况，便于查账核对。

8.资产折旧

根据政府会计制度的规定，各资产分类的折旧年限已设定，可根据资产大类查询每张资产卡片的折旧情况，无形资产摊销栏可查询无形资产信息，可统计生成资产净值总账、净值明细账、折旧明细账、月度折旧明细表等报表。

随着手机的大范围普及，系统开发了移动端业务功能，集成在学校的微信公众号中，不单独使用App，可在手机上对需要本人审批的各项业务进行审批，包括入账登记审批、调拨审批、报废审批、调剂审批、资产借用审批、维修审批、房间借用审批等，可查看业务单据详细信息，流程前端的审批意见。可在手机上查询本人申请的各项业务审批情况，包括本人保管的资产详细信息，可拍照上传资产照片。可通过扫描资产二维码查看资产信息，包括名称、型号、规格、部门、保管人、存放地点等。

三、系统使用成效

资产管理信息系统实现了对上海海事大学国有资产登记入账、清查盘点、折旧计算、信息共享等工作的全方位支持，投入使用后，系统运行稳定，教职工反响很好，主要成效体现在以下四个方面。

（一）数据标准统一

通过系统程序限制资产信息字段的登记格式和要求，将采集的初始资产信息标准化，然后按照不同类别，将巨量的信息数据进行差别管理，便于根据不同口径的统计要求，提供标准格式的数据，增强了资产数据信息的通用性。

（二）审批流程规范

通过系统设置资产保管人到部门资产管理员、部门负责人，最后到资产管理职能部门管理员和负责人的分级形式，对不同角色用户设定相应权限，对国有资产进出和变动流程进行发起和审批，使资产管理流程化、网络化、规范化。

（三）管理效率提升

国有资产保管人通过学校教职工的统一身份认证登入资产管理信息系统，按照业务工作需要，点击进入相应功能模块，办理入账登记、资产移交、调拨、报废、损失赔偿和资产折旧等业务，资产业务办理和审批全程网络化服务，实现让数据多跑路，方便教职工，大幅提高办事效率。

（四）数据实时共享

系统的上线运行实现了全校资产信息的共享，教职工根据权限查询相应的信息，可以有计划地进行资产更新，学校根据资产存量信息，调剂各部门的资产使用，调整各部门的预算分配。院校之间可通过信息共享，实现大型设备的贵重仪器设备的共用，充分发挥资产的最大效益。

四、结束语

上海海事大学资产管理信息系统虽然实现了资产中间环节管理的全流程网络化，但这仅仅是资产管理应用的初步阶段。资产管理的前期预算编制及审核、采购计划、论证执行、合同管理、验收管理等招采过程尚未纳入系统功能，资产的全生命周期管理尚未形成体系。所以，今后还需要与采购管理系统和财务管理系统进行对接，持续加强国有资产管理信息系统的信息化建设，才能更好地服务学校教学科研工作。高校的资产管理是要求高且重要的工作，只有不断优化管理系统的功能，才能提高用户的业务水平，落实各方资产管理责任，规范国有资产管理流程，不断提高高等学校的资产管理水平。

参考文献：

［1］陈秀晨.浅谈高校国有资产管理信息化[J].江苏经贸职业技术学院学报,2020(3):40−42.

［2］吴昊.高校固定资产管理信息化问题的分析和研究[J].中国管理信息化,2021(7):61−62.

［3］刘静.高校国有资产管理信息化现状分析与对策研究[J].合肥工业大学学报(社会科学版),2020(5):138−144.

［4］李凤玲.高校国有资产管理系统构建与实践[J].中国教育技术装备,2022(12):13−15.

［5］王攀.高校家具资产管理系统的设计与实现[J].实验室研究与探索,2018(5):286−289.

［6］邱筠.大数据时代高校资产管理信息化建设探析[J].湖北师范大学学报(哲学社会科学版),2020(5):64−66.

［7］周军.高职院校资产信息化动态管理模式研究[J].镇江高专学报,2020(3):24−26.

拓展中职教育办学思路　促进中职教育国际交流

——教育全球多元化背景下中职教育国际交流的现状探索与改革对策

姚　翼

摘　要：随着近年来经济科技的飞速发展，世界各国之间的合作与交流也日益频繁，特别是商品、信息、服务和资本的跨国界流动日益密切，毫无疑问必将促进中职教育的国际化发展。拓展中职教育办学思路、推进职业教育国际化也必将成为全球一体化背景下职业教育适应性的必然要求、历史发展的必然选择和时代推进的现实呼唤,它不仅能够彰显社会主义制度的优越性、服务经济结构的转型升级，而且能够落实国家职业教育国际化理念，推进职业教育现代化。

关键词：中职教育　办学思路　国际交流　现状探索　改革对策

近十年来，中国与世界各国的合作与交流日益频繁，商品、信息、服务和资本的跨国界流动日益密切，必将促进中职教育的国际化发展。拓展中职教育办学思路与推进职业教育国际化是全球一体化背景下增强职业教育适应性的必然要求,既是历史的必然选择，也是时代的现实呼唤,它不仅能够彰显社会主义制度优越性、服务经济结构转型升级，而且能够落实国家职业教育国际化理念，推进职业教育现代化。职业教育国际化具有重要价值，能够彰显社会主义制度优越性、服务经济结构转型升级、落实国家职业教育国际化理念与推进职业教育现代化。坚持《中华人民共和国职业教育法》引领、搭建国际交流合作平台、完善政策保障和资金支持是稳步推进职业教育国际化的可行性发展路径。基于世界职业技术教育发展大会的契机，系统建立对话机制、大赛交流机制、展会合作机制和联盟发展机制，构建职业教育国际化走出去模式。

深入把握职业教育国际化的重要内涵具有多维性、丰富性与广阔性，我们需要从经济、政治、文化和发展等诸多层面切入，立足于贯彻“全球发展倡议”、着眼技术技能积累、拓展职教对外开放、走实高质量发展道路等方面，把职业教育放进经济、社会、文化全局，高屋建瓴、入木三分地予以把握深入。

一、经济角度：着眼于创新发展与创造价值，促进职业教育的高质量与多层次发展

自21世纪初我国提出以科教兴国、人才强国推进中国式现代化发展战略以来，科学发展与教育促进就被放置在了促进经济社会发展的核心位置。创新也就成了大势所趋、形势所迫。全球新一轮科技革命与产业变革加速演进，以智能、绿色、泛在为特征的群体性技术革命将引发产业分工重大调整，重塑国际国内竞争格局，创新驱动成为提高地区竞争力的核心关键。但我国社会文化中重学轻术的思想理念依旧存在，无论是学生还是家长都极少主动选择以技术技能培养为目的的职业教育，长此以往，职业教育逐渐成为“补充教育”。科学的目的是发现自然界与人类社会中的既有规律，并将其按照一定的形式归纳总结为原理与定律，其本质在于发现；而技术的目的是基于科学原理与定律创造新的产品服务经济社会发展，是对科学的应用，其本质是创新。因此科学与技术相比具有精炼性，而技术则具有多样性，只要经济社会有发展需求，就会有相应的技术问题产生，技术与人民的美好生活、社会的和谐安定和国家的繁荣富强密切相关。而技能是技术具身化的展现，是对技术的开显，技能存在于个

体之中，这也是职业教育技术技能人才培养的意义所在。科学为技术提供原理支持，技术反之则会促进科学不断向前发展，科学虽无国界，技术却有壁垒。通过职业教育国际交流合作，能够在一定程度上打破技术壁垒，促进中国同其他国家的技术交流与合作。纵观世界，德国基于其独特的双元制培养模式，为技术技能人才成长创设环境；日本在二战后经济萧条，正是通过经济技术立国强国战略振兴；美国为应对金融危机的冲击，提出了再工业化的战略。职业教育对于技术转化有着重要意义，通过推动工程教育与职业教育融合发展，完善职业教育生态系统，打造产业链、创新链上不可或缺的工程技术人员，形成人力资源和技术技能积累，在当前一个技术技能立国的新时代，具有重要意义与深远意义。

二、政治角度：立足于全球全方位、宽领域发展倡议，明确与强调基本导向

2022年6月24日，“举办世界职业技术教育发展大会，成立世界职业技术教育发展联盟”被列入全球发展高层对话会主席声明的会议成果清单，成为落实习近平总书记“全球发展倡议”的重要举措。举办世界职业技术教育发展大会是推进职业教育国际化向全方位、多层次、宽领域纵深发展的一项重要机制性设计，职业教育国际化必将成为落实“全球发展倡议”的重要路径。

立足于“全球发展倡议”，明确基本导向主要包括三个层次。

第一层次：职业教育国际化有助于促进与推进全球职业教育，以及经济社会的共同发展与长远发展。职业教育与经济发展密切相关，无疑是经济发展的重要基础，同时也是推动经济与社会发展的重要推动力，成为国际社会共同关注的重要领域。当今世界百年未有之大变局，加之于新冠疫情的交织叠加，新一轮科技创新与产业变革促进了全球经济结构的重塑与再造，怎样战胜疫情及建好后疫情时代的世界，受到全球国际社会的共同关注。职业教育作为劳动技

能最大的供给方，通过发展职业教育提升产业转型动力、破解发展难题、促进人的全面可持续发展越来越成为世界各国的共识。推进职业教育国际化，搭建发展合作项目的有益平台，推动多边多元化主体交流合作，将促进各国职业教育发展的互学互鉴、优势互补，增强职业教育协同发展的国际合力，培育职业教育发展新动能，拓展职业教育服务新功能，从而推动构建全球发展命运共同体，实现合作共赢、共同繁荣的全球发展格局。

第二层次：职业教育的国际化有助于促进世界各国人民的共同发展。经济的转型、技术的革新、人口的变化、全球化发展等因素使人类的生存发展面临诸多的新挑战与新变化，对个人的发展也提出了更高层次的要求。职业教育与培训致力于培养学习者的综合素质和实践能力，提高学习者的职业技能，以适应劳动力市场的岗位需求和社会经济发展需要，从而促进个人就业，达到提升生活质量和自我实现的目标。此外，深化职业教育的国际交流合作，促进世界职业教育的高质量发展，服务各国人民对职业发展的共同诉求，将有利于增进民生福祉，实现全人类的共同价值和对美好生活的追求。

第三层次：职业教育的国际化有助于推动全球的平衡协调发展。当今世界各国仍然存在着发展不平衡、不充分等诸多问题，南北发展的鸿沟不断扩大。在职业教育领域，欧美长期以来在职业教育标准制定、模式理念上占据主导地位，在职业教育发展质量上处于领先水平。扩大职业教育国际交流合作，建立普惠包容的多边教育交流合作机制，加强南北合作、深化南南合作，尤其是关注发展中国家特别是欠发达国家的特殊需求，以分享发展经验、传授专业技术知识、开展合作办学和援助项目等方式支持发展中国家职业教育发展，为当地培养经济社会发展急需的技术技能型人才，将有利于弥补南北发展的鸿沟，解决国家间和各国内部发展不平衡、不充分问题，从而推动全球发展迈向平衡协调包容新阶段。

三、教育层面：走高质量发展的踏实之路，提升职业教育的高品质发展

大力推进职业教育的高质量踏实之路，是提质培优发展新阶段，增强职业教育适应经济社会转型发展与人民群众美好生活需要的客观必然要求。纵观世界各国发展经验，国际化显然是事业发展到一定阶段的必经之路，是教育强国的重要目标。经过可持续性发展，我国职业教育已经具备相当基础，形成了发展中国家发展职业教育的模式、道路和理论。推动职业教育国际化，是职业教育“大有可为、大有作为、事在人为”生动实践的重要组成部分，坚定“时与势在我们一边”的定力和底气关键之举。发展职业教育不能简单移植和照搬，而应从我国国情和发展阶段出发，选择与确定合适的发展模式和道路，应兼收并蓄、博采众家之长，摸着石头过河，不断进行修正。中国摸索出了产教融合、校企合作的职业教育模式，是我国职业教育发展的基本经验之一。我国职业教育在高质量发展道路上，可以从投入、表现形式及政策等方面来看：一是重视对职业教育的系统性投入，如德、美、澳等国加大了对职业教育立法、政策和财政投入力度。特别是疫情背景下，许多国家都充分认识到职业教育的重大意义与深远意义，把发展职业教育作为应对危机、促进就业、迎接新技术革命挑战的重要举措，加大了系统性投入力度。二是近年来主要发达国家的职业教育在总体规模平稳的情况下，出现了层级上移的趋势。与此同时，普遍出现的高中阶段职业教育比例也呈下降趋势，如日韩法德奥等国均呈现下降趋势。三是通过政策设计实现教育系统的流动性，构建中职—高职—本科—专业学位硕士应用型人才培养体系也成为各国职业教育发展的重要议题，职业教育也日趋成为流动性与吸引力正相关模式，如德国、瑞士实现了职业教育的纵向贯通，与普通教育横向融通，职业教育与普通教育转换衔接，交叉融合两类教育教学要素。

四、文化层面：扩大职教对外开放，促进经验互鉴

2020年，教育部等八部门印发的《关于加快和扩大新时代教育对外开放的意见》指出，要主动加强同世界各国的互鉴、互容、互通，形成全方位、宽领域、多层次、更加主动的教育对外开放局面，标志着我国教育对外开放事业进入新的发展阶段。新形势下，如何推进职业教育国际化，服务新时代加快和扩大教育对外开放的总体要求，是我们必须思考和谋划的问题。教育国际化既是国家教育对外开放战略的重要组成部分，也是服务国家战略的具体行动，职业教育国际化是教育国际化在职业教育领域中的具体表现。为进一步厘清职业教育的国际化内涵，笔者梳理了近十年来中国政府发布的有关职业教育国际化的政策、法规、战略、计划、方案和措施的文本，从我国教育对外开放战略下的人文交流视角，归纳了职业教育国际化内涵，包括以下四个方面：一是拉紧人文纽带，促进民心相通。2016年教育部发布《推进共建“一带一路”教育行动》,推进民心相通，开展更大范围、更高水平、更深层次的人文交流。2017年，国家主席习近平在上海合作组织成员国元首理事会第十七次会议上发表了题为《团结协作 开放包容 建设安全稳定、发展繁荣的共同家园》的讲话。习近平主席表示，要“拉紧人文纽带”，促进各国民众特别是青年一代心灵相通。二是宣传中国成就，讲好中国故事。2016年中共中央办公厅、国务院办公厅《关于做好新时期教育对外开放工作的若干意见》提出，通过把讲好中国故事、传播好中国声音作为教育对外开放的重要内容，主动宣传祖国发展成就，积极传播中国理念。三是共创教育美好未来，构建人类美好生活。独行快，众行远。合作交流是沿线各国共建“一带一路”教育共同体的主要方式。通过教育合作交流，扩大人文往来，筑牢地区和平基础，是我们共同的责任。四是对接国际标准，参与全球治理。《推进共建“一带一路”教育行动》提出，共商共建区域性职业教育资历框架，逐步实现就业市场的从业标准一体化。2017年《国家教育事业发展“十三五”规划》提出，深度参与国际教育规则制定。

当前我们正面临着一个竞争日益激烈、变革越发迅猛、创新日臻广泛的时代，我们应该与时俱进，充分把握这一机遇，在这个日益开放、充满生机与活力的崭新国际化教育体制中，通过我们的不懈努力与奋力拼搏，让更多中职教育人才从高等学校、中等职业学校、高等职业学校源源不断地走向社会、走向世界，用他们的聪明才智、专业技能和博大胸怀去改造升级社会、创造世界，奔向美好的明天。

参考文献：

[1] 陈武元.从补充教育走向选择教育:我国民办高校发展的必然选择[J].教育研究,2008(5):16-20.

[2] 教育部办公厅.教育部办公厅关于成立世界职业技术教育发展大会组织委员会的通知[R/OL].（2022-03-29）[2023-06-01].http://www.moe.gov.cn/srcsite/A07/s7055/202204/t20220402_613226.html.

[3] 万玉凤.关于加快和扩大新时代教育对外开放的意见[EB/OL].（2020-06-20）[2023-06-01]. https://baijiahao.baidu.com/s? id=1669970930317539093&wfr=spider&for=pc.

数据拟合模型在养老金制度改革中的应用

陈亚军

摘　要：人口老龄化与养老制度改革正成为全球性难点。自2005年起，国家已连续六年七次提高企业退休人员基本养老金，企业退休人员的总体待遇水平翻了一番。虽然退休职工的生活有了保证，但国家的养老金却面临着严重的亏空问题。基于这一世界性难题，我们根据以下4个问题，试着找出一种好的方案，既要达到目标替代率，又要维持养老保险基金收支平衡。

问题1：近30年来我国经济发展迅速，工资增长率也较高。在中国共产党的正确领导下，结合当今的经济发展形势，假设未来中国经济发展和工资增长也将遵循这个好的趋势。参考山东省职工历年平均工资数据，利用数据拟合方法，得到了山东省职工平均工资的最优拟合函数。依据此函数，预测出从2011年至2035年的山东省职工的年平均工资。

问题2：根据某企业分年龄职工数量及薪酬分布表中的数据，取中位数得到各年龄段的总工资，求出各年龄段的月平均工资，进一步求出该企业所有职工的月平均工资。从而计算出2009年该企业各年龄段职工工资与该企业平均工资之比。把这些比值看作职工缴费指数的参考值，结合问题1中的拟合函数，及养老金计算办法，计算出各种情况下的养老金替代率。

问题3：针对此问题，结合问题1中的职工平均工资的增长函数，及问题2中的相关函数，利用MATLAB软件，首先拟合出某职工从开始缴费到退休为止所缴纳的养老保险基金总值函数。再根据养老金的计算办法拟合出该职工从退休到去世所拿到的养老金总数函数。根据这两个函数，很容易计算出养老保险基金的缺口情况，也可以计算出该职工缴存的养老保险基金与其领取的养老金之间达到收支平衡时的年龄分别为66岁、67岁、72岁。

问题4：结合以上三个问题的答案，考虑群众利益等各种因素，通过对不同方案的计算与论证，最终找到了既能达到目标替代率，又能维持养老保险基金收支平衡的方案，即在延迟退休年龄到65岁的前提下，把社会统筹基金投资到绿色能源中。只要该基金年增长利率在3.2%以上，就能满足要求。依照绿色能源的未来经济效应，这个增长率很容易就能达到。

所建模型的优点：概念易懂、结合实际，多次拟合得到最优拟合函数，从而得到各题的答案，而且所建立的模型可以推广至全国甚至更广。所建模型的缺点：数据拟合法存在一定的误差，所得到的数据不够准确，忽略了一些特定因素对养老金的影响。

关键词：人口老龄化　养老金　数据拟合法　替代率　收支平衡　绿色能源

一、问题重述

我国企业职工基本养老保险采取“社会统筹”与“个人账户”结合的模式，由企业缴纳职工工资总额的20%作为社会统筹账户，职工个人缴纳工资总额的8%形成个人账户。职工退休后，从社会统筹账户和个人账户组成的养老基金中领取养老金。

考虑到我国经济自改革开放以来的迅速发展、生活水平的持续上升，为确保退休职工基本生活，养老金也要适时适当地增加。但同时还要考虑养老保险基金的收支平衡，而替代率也是一个重要影响因素。依据新的养老金计算办法，综合山东省近几年的职工平均工资和某企业各年龄段的工资情况，希望通过提出合理假设，分析已给数据，建立一个最优的数学模型，并根据该数学模型求解前三个问题。最后依据该模型及以上计算，并结合实际情况，多次论证与对比，综合各种因素，得出一个最优方案，此方案既能满足目标替代率，又能使养老保险基金达到收支平衡。

二、问题分析

首先明确，我们以山东省某企业为例，结合养老金的来源及分配来解决问题。由于许多变化的影响因素，如各年度平均工资、某职工不同年龄段的工资及缴费指数等，养老保险基金及养老金会不断变化，同时替代率也在变化。

问题1：由题意可知，“工资的增长与经济增长相关。近30年来我国经济发展迅速，工资增长率也较高；而发达国家的经济和工资增长率都较低。我国经济发展的战略目标，是要在21世纪中叶使我国人均国民生产总值达到中等发达国家水平。”由此可假设，在我国达到中等发达国家水平以前，我国经济将持续快速发展，既可以忽略一些影响经济发展的不确定因素，也可以假设在此期间，工资将随经济的发展持续快速增长。根据山东省职工平均工资中的数据，通过数据拟合方法拟合出山东省职工平均工资与年份之间的最优函数，从而预测出2011年至2035年山东省职工的年平均工资。

问题2：首先，计算出各年龄段职工工资与该企业平均工资之比，拟合出它的函数，然后把它看作职工缴费指数的参考值。通过公式可计算出刚退休年的基础养老金，再通过对每一年的个人账户储存额及利息进行累加，从而得到个人账户养老金，两者相加可得刚退休年的养老金金额，再通过问题1中拟合的函数计算出退休前一年的工资，两者相除可得养老金替代率。

问题3：首先通过累加，计算出某职工各种情况下退休时的缴纳的统筹基金和缴纳到个人账户金额总和，再利用公式累加得到该职工从退休到死亡总共领取的养老金总和，将它们相减即可得到养老保险基金的缺口。利用缴纳的统筹基金和缴纳到个人账户金额总和逐年减去每年所领取的养老金的方法，可计算出具体在哪一年达到收支平衡。

问题4：综合前面问题，发现现阶段养老制度中存在的隐患，采取措施使养老金在达到目标替代率的前提下，保持养老保险基金的收支平衡。所采取的措施必须是现实可行的，既可以解决养老金制度问题，同时最好可以产生附加的社会效益。

因此，本文将对需要解决的问题，采用正确合理的数据分析模型，在解决数学问题的前提下联系实际各个击破。

三、问题假设

（1）我国GDP在21世纪中叶前按现有趋势增长；

（2）企业职工工资随经济的发展持续稳步增长；

（3）企业养老金制度在短期内不发生调整；

（4）所有职工在国家规定年龄退休；

（5）男女退休年龄相同；

（6）所有企业与职工均按规定缴纳养老保险；

（7）各年龄的缴费指数不变；

（8）所有缴纳养老保险金的职工在退休后正常领取养老金；

（9）所有职工退休时均满足实际缴费年限满15年以上的条件。

四、符号说明

x为年份–1978（简化后的年份数）；y_x为职工年平均工资（1978年为第0年，即x=0）；g为职工刚退休时的养老金；y_g为退休前工资；t为替代率，$t=g/y_g$；N为缴费年限；y_s为全省上年度在岗职工月平均工资；S为本人指数化月平均缴费工资；x_m为参保人员退休前m年本人缴费工资额；C_m为参保人员退休前m年全国/省/地市“职工平均工资”；n为企业和职工实际缴纳基本养老保险费的月数合计；r_i为2009年该企业各年龄段职工工资与该企业平均工资之比；b_j为各年龄段职工工资与该企业平均工资之比；j为年龄阶段序数。

五、模型建立与求解

（一）问题1

根据我国改革开放40多年来，经济迅速发展状况及我国发展现状，我们假设企业职工工资持续快速增长。基于该问题，我们需要对山东省职工平均工资数据建立一个适当的模型。首先，对数据进行简化处理，1978年为第0年，1979为第1年，依此类推，建立如下3个模型。

（1）三次函数关系：

$$y = 0.019\,3x^3 - 0.442\,1x^2 + 4.389\,2x - 0.704\,9$$

（2）四次函数关系：

$$y = 0.000\,7x^4 - 0.026\,3x^3 + 4.868x^2 - 1.986\,2x + 8.081\,3$$

（3）指数函数关系：

$$y = 4.789\,7\mathrm{e}^{0.131\,9x}$$

把以上三个函数的相关系数对比，我们可以看到四次函数的相关系数最大，也就是拟合程度更好，再联系现实情况我们选择模型2，即山东省职工的年平均工资与年份的关系式为

$$y = (0.000\,7x^4 - 0.026\,3x^3 + 4.868x^2 - 1.986\,2x + 8.081\,3) \times 100$$

运用MATLAB软件预测出从2011年至2035年的山东省职工的年平均工资如表1所示。

表1　2011年至2035年山东省职工的年平均工资

年份	年平均工资/元	年份	年平均工资/元
2011	35 766.35	2024	152 106.73
2012	40 503.13	2025	167 530.29
2013	45 771.93	2026	184 165.25

续表

年份	年平均工资/元	年份	年平均工资/元
2014	51 614.93	2027	202 075.63
2015	58 075.99	2028	221 327.13
2016	65 200.65	2029	241 987.13
2017	73 036.13	2030	264 124.69
2018	81 631.33	2031	287 810.55
2019	91 036.83	2032	313 117.13
2020	101 304.89	2033	340 118.53
2021	112 489.45	2034	368 890.53
2022	124 646.13	2035	399 510.59
2023	137 832.23		

（二）问题2

根据某企业分年龄职工数量及薪酬分布表，计算各年龄段职工平均工资和该企业全体职工平均工资如表2所示。

表2　各年龄段职工平均工资和该企业全体职工平均工资

年龄段	人数	总工资	月平均工资
20～24岁	282	487 000	1 726.95
25～29岁	263	546 250	2 077.00
30～34岁	242	613 500	2 535.12
35～39岁	226	622 000	2 752.21
40～44岁	221	668 750	3 026.02
45～49岁	194	634 000	3 268.04
50～54岁	135	421 000	3 118.52
55～59岁	101	301 000	2 980.20
总计	1 664	4 293 500	2 580.23

然后，计算2009年该企业各年龄段职工平均工资与该企业平均工资之比b_j，得到年龄段与比值对照表（表3）。

表3　2009年该企业年龄段与比值对照表

年龄段	比值b_j	年龄段	比值b_j
20～24岁（j=1）	0.669 301 360	40～44岁（j=5）	1.172 771 426
25～29岁（j=2）	0.804 966 035	45～49岁（j=6）	1.266 570 541
30～34岁（j=3）	0.982 519 222	50～54岁（j=7）	1.208 621 128
35～39岁（j=4）	1.066 654 575	55～59岁（j=8）	1.155 013 277

通过MATLAB软件对已有数据进行曲线拟合得到：$b_j = -0.0023j^3 + 0.0127j^2 + 0.129j + 0.5326$，从而可以进行估算得到年龄段与比值对照表（表4）。

表4　年龄段与比值对照表

年龄段	比值b_j
60～64岁(j=9)	1.008 700 000
65～69岁(j=10)	0.751 600 000

设：r_0为30岁职工工资与该企业平均工资之比，r_1为31岁职工工资与该企业平均工资之比，依此类推，则$r_0=r_1=\cdots=r_4=b_3$，$r_5=r_6=\cdots=r_9=b_4$，……

假设每年的“各年龄段职工工资与该企业平均工资之比”不变，则

刚退休时的养老金=基础养老金+个人账户养老金

基础养老金=（全省上年度在岗职工月平均工资+本人指数化月平均缴费工资）÷2×缴费年限×1%=（y_s+S）÷2×n×1%

根据养老金的计算办法，其中本人指数化月平均缴费工资为

$$S=\frac{x_1\times\frac{c_1}{c_1}+x_2\times\frac{c_1}{c_2}+\cdots+x_m\times\frac{c_1}{c_m}}{n}$$

以自2000年起分别从30岁一直缴费到退休55岁为例，

$$S=\frac{c_1}{n}\left(\frac{x_1}{c_1}+\frac{x_2}{c_2}+\cdots+\frac{x_m}{c_m}\right),\ n=12\times 25$$

则 $\left(\frac{x_1}{c_1}+\frac{x_2}{c_2}+\cdots+\frac{x_m}{c_m}\right)\div 25$即为$r_0\sim r_{24}$的平均值。

$$基础养老金=\left[y_{46}+\frac{y_{46}(r_0+r_1+\cdots+r_{24})}{12\times 25}\right]\div 2\times 25\times 1\%=3\ 389.8\ 元$$

$$个人账户养老金=y_{22}\cdot r_0\times 8\%\times(1+3\%)^{25}+y_{23}\cdot r_1\times 8\%\times(1+3\%)^{24}+\cdots+y_{46}\cdot r_{24}\times 8\%\times(1+3\%)$$

用MATLAB实现：

$$个人账户养老金=\frac{x}{170}=973.396\ 6$$

$$刚退休时的养老金=4\ 363.196\ 6$$

$$退休前工资=y_{46}/12\cdot r_{54}=15\ 320.481$$

所以$t=28.479\ 5\%$。

按此算法，可得到自2000年起分别从30岁、40岁开始缴养老保险，一直缴费到退休（55岁、60岁、65岁）时养老金具体情况（表5）。

表5　各年龄段缴养老保险具体情况

年龄段	基础养老金	个人账户养老金	刚退休时养老金	退休前工资
30 ~ 55岁	3 389.80	973.40	4 363.20	15 320.48
30 ~ 60岁	6 479.30	2 115.60	8 594.90	23 292.00
30 ~ 65岁	1 1421.00	4 743.90	16 164.90	31 008.45
40 ~ 55岁	714.86	252.95	967.81	5 198.64
40 ~ 60岁	1 681.10	625.13	2 306.23	8 762.39
40 ~ 65岁	3 426.10	1 543.20	4 969.30	12 786.28

应用上表得到的数据，根据替代率=职工刚退休时的养老金÷退休前工资，进一步算出问题中各个对应情况的替代率（表6）。

表6　各年龄段对应情况的替代率

年龄段	替代率	年龄段	替代率
30 ~ 55岁	28.48%	40 ~ 55岁	18.62%
30 ~ 60岁	36.90%	40 ~ 60岁	26.32%
30 ~ 65岁	52.13%	40 ~ 65岁	38.86%

（三）问题3

以2000年起从30岁开始缴养老保险，一直缴费到退休（55岁），并从退休后一直领取养老金为例。

统筹基金总和利用MATLAB实现：统筹基金总和x = 327 590元，个人账户总和计算得165 477.422元，所以缴存的养老保险基金 = 493 067.42元。到75岁总共领取养老金用MATLAB实现：总共领取养老金x = 1407 700元，共亏空914 632.58元。

达到收支平衡时间用MATLAB实现：得i = 66，所以，在2033年即职工66岁时达到收支平衡。

依此算法，对应可得其他条件下职工退休后养老基金亏空情况（表7）。

表7 职工退休后养老基金亏空情况

年龄段	统筹基金	个人账户	缴纳总和	领取总和	缺口	平衡年龄
30～55岁	327 590	165 477	493 067	1 414 000	920 932	66
30～60岁	562 540	294 060	856 600	1 667 900	811 300	67
30～65岁	880 090	479 140	1 359 230	1 702 600	343 370	72

因此，假设该企业某职工自 2000年起从30岁开始缴养老保险，一直缴费到退休（55岁、60岁、65岁），并从退休后一直领取养老金，至75岁死亡，三种情况下的亏空情况如上表所示，即这三种情况下均不能满足缴纳的养老保险基金与领取的养老金之间达到收支平衡，所以要分别在66岁、67岁、72岁时停止领取养老金。

（四）问题4

对于该问题可以从多方面考虑。不妨先考虑养老保险基金的收入，以扩大收、减少支来维持平衡。

措施1：延缓退休。延迟职工退休年龄，以增加养老保险基金收入。假设

2000年30岁开始缴养老保险，一直缴到66岁或68岁退休，运用问题2中的计算方法同样计算出以下参数（表8）。

表8 不同退休年龄和替代率对照

年龄段	基础账户养老金	个人账户养老金	刚退休时养老金	退休前工资	替代率
30 ~ 66岁	12 660	5 572.6	18 232.6	25 023	72.86%
30 ~ 68岁	15 468	8 083.7	23 551.7	29 226	80.58%

从上表中数据可以看出，在一定的条件下，适当增加职工的工作年限，以扩大养老保险基金收入，在一定范围内可减少甚至杜绝亏空，维持收支平衡。

措施2：考虑各种指标的相互制约关系，先改变个人账户缴费比例使替代率达到目标值（表9）。

表9 个人账户缴费比例和替代率对照

缴费比例	基础账户养老金	个人账户养老金	刚退休时养老金	退休前工资	替代率
10%	11 421	5 929.9	17 350.9	31 008.447	55.96%
11%	11 421	6 522.9	17 943.9	31 008.447	57.87%
12%	11 421	7 115.9	18 536.9	31 008.447	59.78%

从以上数据得到，当个人账户缴费比例上升至11%时，替代率最接近目标替代率，在此条件下，改变企业上缴的职工工资比例上调，以解决亏空问题，也可达到收支平衡（表10）。

表10 企业缴费比例和养老金缺口对照

企业缴费比例	统筹基金	个人账户	缴纳总和	领取总和	缺口
30%	1 320 100	658 810	1 978 910	1 801 600	−177 310
25%	1 100 100	658 810	1 758 910	1 801 600	42 690
26%	1 144 100	658 810	1 802 910	1 801 600	−1 310
27%	1 188 100	658 810	1 846 910	1 801 600	−45 310

参照表10中计算所得数据，在企业上缴职工工资比例达26%时可满足收支平衡。

综合上述两个因素，将个人账户缴费比例提升至11%，企业上缴比例达

26%，并且退休年龄为65岁时可满足题设条件。

措施3：基于投资发展的道理，用社会统筹账户中的资金合理投资，获取利润。例如投资绿色能源的开发利用。

在问题3的基础上，以某职工自2000年起从30岁开始缴养老保险，一直缴费到65岁退休，并从退休后一直领取养老金，至75岁死亡。此时，替代率接近目标替代率。假设企业上缴到社会统筹账户中的钱用于投资获取的利率为z。

利用前面问题中的函数关系计算出，该职工领取的养老金之和为1 702 600元，其中个人账户综合为479 140元，为了达到收支平衡，统筹账户总和应达到1 223 460元。

$$\text{统筹账户总和} = y_{22} \cdot r_0 \cdot 20\% \cdot (1+z)^{35} + y_{23} \cdot r_1 \cdot 20\% \cdot (1+z)^{34} + \cdots + y_{56} \cdot r_{29} \cdot 20\% \cdot (1+z)$$

经过计算，只要投资利率 z 大于3.2%即可满足。

结合实际，延缓退休和增收保险金，虽然可以在达到目标替代率的条件下达到收支平衡，但都会带来一定的社会问题。所以，在达到题干要求的同时，应考虑群众利益。用投资的思想解决问题，在满足题意要求的同时，创造更多的利润，此外，投资绿色经济还可以带来附加社会效益。

六、模型评价与推广

对问题1，采用数据拟合的模型，对所给数据进行多项式及指数拟合，通过相关性对比，得到最优方案四次函数，其拟合度高，结合实际使预测更准确。由于问题1中的函数模型较为合理，问题2利用其结果，结合公式计算替代率，得出合理的结果。在解决问题3时，利用前两个问题中的个人账户资金总额，按照养老金计算公式计算题设条件下的收支对比，得出亏空情况。问题4综合考虑各个制约条件，从不同角度入手寻求解决方案。结合实际情况，在解决问题的前提下获取更大效益。采用数据的拟合模型，将不易确定的散点间关系连续化，便于找出数据间联系，从而简化计算。

该模型具有较强的实用性，可用于全国范围的企业职工养老金计算，并且可以推广到其他保险类问题，如医疗保险问题等。

参考文献：

[1] 章绍辉. 数学建模[M]. 北京: 科学出版社, 2010.

[2] 求是科技. MATLAB7.0从入门到精通[M]. 北京: 人民邮电出版社, 2006.

[3] 陈亚军. 数学建模案例精选[M]. 上海: 上海浦江教育出版社, 2017.

[4] 郝惠馨, 辛明影. 基于Excel的数据处理方法[J]. 东北林业大学学报, 2010, 38(10): 131-132.

[5] 吕志勇, 王霞, 张良. 新政策下养老保险基金收支平衡精算模型的相关因素分析——以山东省为例[J]. 山东大学学报(哲学社会科学版), 2009(1): 101-109.

中高职贯通机电一体化专业港机课程设计教学实践

胡桂军

摘　要：“港机构造与设计基础”是中高职贯通机电一体化专业的一门专业基础课程，其目的和任务是初步了解港口机械总体及主要工作机构设计计算的基础知识，为今后进一步从事港口机电产品设计或技术管理等工作打下基础。本学期“港机构造与设计基础”课程是延续上学期的教学，主要内容是“课程设计”。由于本校中高职贯通专业的新生系初中毕业后升学至港湾的，因此其文化与专业理论基础相对于高中毕业直接考取高职的学生来说，有一定的差距，这给学生进行“课程设计”带来了一定的难度。另外，突发而至的疫情，使这门课转为线上教学。在老师和同学们的共同努力下，圆满地完成了课程教学任务，同时也在利用互联网和现代信息技术辅助教学等方面取得了一些宝贵经验。本文对“课程设计”实际教学情况给予了总结，以为后续相关课程的教学积累经验，进一步探索中高职贯通教育的教学改革与发展之路。

关键词：港口机械　机械设计　课程设计　教学实践

引　言

“港机构造与设计基础”是学校中高职贯通教育机电一体化技术专业在2019级首次开设的一门专业基础课程，同时也是第一次在学校机电专业进行机械设计“课程设计”的教学尝试。文章拟对本学期所进行的“课程设计”实际教学情况给予总结，以为后续相关课程的教学改革积累经验。

（一）人才培养方案对本课程的教学要求

上海建桥学院和上海港湾学校在2018级第一届联合进行中高职贯通培养的基础上，根据对企业职业领域与职业岗位的调研，确定了“2019级机电一体化技术专业中高职教育贯通人才培养方案”。该方案对于人才的培养目标有这么一段描述：“本专业主要面向上海航运中心和自贸区相关的港口航运物流与先进装备制造等企事业单位，培养立德树人、德技并修、全面发展，具有一定的文化基础和专业知识、良好的职业道德和人文素养，能从事港航物流设备的调试运行、控制维护、装备制造、作业调度管理与技术服务等相关工作，具有跟踪新技术发展与适应岗位迁移能力的知识型、发展型、高素质技术技能型人才。”为了实现上述目标，在对职业能力培养要求中着重强调了以下两个方面：一是具有阅读、绘制工程图的能力；二是具备一定的工程计算与校验能力。

基于上述原因，在制定“港机构造与设计基础课程标准”过程中，我们重点强调了如下两个方面的教学要求：一是培养学生掌握机构分析与零件强度计算方法和查阅技术资料的能力；二是培养学生能综合运用所学知识和实践技能，具有设计简单机械和一般传动装置的能力。

（二）“上海市中高职贯通教育机电一体化技术专业教学标准”的要求

在学校制定的“2019级机电一体化技术专业中高职教育贯通人才培养方案”实施过程中，上海市教委于2021年10月19日颁布了“上海市中高职贯通教育机电一体化技术专业教学标准”。其中对学生的培养目标为：“本专业坚持立德树人，德技并修，学生德智体美劳全面发展。主要面向机电设备生产制造、应用等企事业单位，培养具有较高的文化水平和人文素养，掌握扎实的专业知识和专业技能，具备良好的职业素养和创新精神，能从事机电产品辅助设计及开发、机电设备生产制造与管理、机电设备安装与调试、机电设备维修与维护以及机电产品销售与技术服务等相关工作，具有职业生涯发展基础的知识型、发展型、高素质技术技能人才。”该标准描述本专业的职业领域如表1所示。

表1　机电一体化技术专业职业范围

序号	职业领域	职业（岗位）	备注
1	机电产品 辅助设计及开发	机械设计员	
2	机电设备 生产制造与管理	设备操作员、工艺员、产品质量检验员、生产管理员	
3	机电设备 安装与调试	设备安装调试员、设备检测员、自动线运维员	
4	机电设备 维修与维护	设备维护员	
5	机电设备 销售与技术服务	机电类销售员、机电类设备技术支持员	

从上海市发布的专业教学标准可以看出，对于中高职贯通教育专业学生的培养目标与原来普通中职班有着较大的区别，重点在设计能力上提出了明确要求。鉴于此，我们首次将“课程设计”纳入教学计划中，该环节约为40课时左右。

（三）本专业开设机械设计“课程设计”的优势与困难

1.学情分析

本校中高职贯通教育机电一体化技术专业的新生系初中毕业后来到港湾，学习三年后再到建桥继续深造。从这些学生的实际情况看，其文化与专业理论基础相对于高中毕业直接考取高职的学生来说，有一定的差距。

2.课程衔接情况分析

根据“2019级机电一体化技术专业中高职教育贯通专业教学计划”的安排，“港机构造与设计基础”先修课程情况如表2所示。

表2 “港机构造与设计基础”先修课程

序号	课程名称	学分	学时	学期					
				一	二	三	四	五	六
1	工程应用物理	6	96	3	3				
2	工程制图与CAD	9	144		3	3			
3	互换性与技术测量	3	48		3				
4	工程材料与制造基础	4	64			4			
5	工程力学	6	96				3	3	
6	港机构造与设计基础	6	96					3	4

从表2可以看出，该专业的学生在进行“港机构造与设计基础”第二学期“课程设计”学习时，除了必要的文化基础课程之外，前面还接受了应用物理、机械制图、CAD、互换性与技术测量、工程材料与制造基础、工程力学和机械设计基础等涉及机械学科的主要专业基础类课程教育。这为学生能够顺利地完成课程设计提供了必备的先决条件。

3.教材与教学资源分析

由于“港机构造与设计基础”课程是分为两个学期授课的，在第一学期的基础理论部分，我们选用了学校所发的“‘十三五’职业教育国家规划教材书目”里由吉林工业职业技术学院栾学钢老师主编的《机械设计基础（第四版）》。该教材由我国久负盛名的老牌教育图书出版单位“高等教育出版社”于2021年出版发行。在上述教材目录里还有其他一些机械设计方面的规划教材，之所以选择栾老师主编的教材，有一个比较重要的原因是学校普通中职班有一门相似课程——“机械基础”。多年来，机电专业一直采用栾老师主编的《机械设计基础》（多学时）作为教材，且《机械设计基础》也被列入“‘十三五’职业教育国家规划教材书目”。在选择教材的时候，笔者曾专门与栾学钢老师进行了沟通，了解了一些所选教材的编写背景、其他学校使用情况等信息。据了解，栾老师还担任《化工职业技术教育》杂志主编，专业能力值得信赖。稳妥起见，笔者事先通过出版社索取了样书，进一步确定可以选用该教材。

本学期“港机构造与设计基础”课程主要教学内容为“课程设计”，为此，我们选择了前一个学期的配套教材，由栾学钢老师主编的《机械设计基础课程设计（第二版）》一书。该教材也被“‘十三五’职业教育国家规划教材书目”收录。为了慎重起见，笔者还专门联系了编者，了解教材的相关情况并请他专门寄了一本样书。选择该教材的最大好处就是与前一学期教材的兼容性比较好，但缺点是缺乏相应的教学资源，这给教学带来了一定的困难。笔者联系了企业的工程技术人员，收集了一些企业技术资料用于教学，弥补了缺憾。

二、课程的教学内容与要求

（一）基本要求

机械设计课程设计是高等工业学校机械类和近机类各专业本、专科学生第一次较全面的机械设计训练，是机械设计和机械设计基础课程重要的综合性与实践性教学环节。本课程的主要任务是使学生获得机器总体结构、机械零件设计，以及机械零件的材料选用等专业知识。机械设计是从事机电一体化专业技术人才必须具备的专业知识与基本能力。其课程的知识结构和目标是使学生初步掌握机械产品一般设计过程、机械零件的工作能力和计算准则，以及标准件的选用、设计手册和设计图册的使用等基本知识与技能，初步了解港口机械总体及主要工作机构设计计算基础知识，为今后进一步从事港口机电产品设计和技术革新等工作打下基础。

机械设计课程设计内容主要涉及机械设计、机械原理、机械制图、机械制造基础、材料学、力学等基础课程的知识。通过完成一项机械设计产品的任务，学习机械设计的方法和步骤。一般的设计作业内容包括：工程中常用传动装置和执行机构的分析选型、零部件的设计计算、绘制机械传动装置装配图和零件图、编写设计计算说明书等，最终完成设计任务。

（二）机械设计课程设计的目的

机械设计课程设计是机械设计课程或机械设计基础课程重要的综合性与实践性教学环节，也是学生第一次进行全面的机械设计训练。通过该教学环节和训练要求应达到以下目的：

（1）通过课程设计，综合运用机械设计课程和其他有关先修课程的理论，结合生产实践知识，培养分析和解决一般工程实际问题的能力，并使所学知识得到进一步巩固、深化和拓展；

（2）通过课程设计，树立正确的设计思想，学习机械设计的一般方法和规律，增强创新意识；

（3）通过合理选择传动装置和零件类型、正确计算零件工作能力、选择材料和确定尺寸，以及较全面地考虑制造工艺、使用和维护等要求进行结构设计，从而了解和掌握机械零件、机械传动装置的设计过程和方法；

（4）通过课程设计，进行设计基本技能的训练，例如计算和绘图能力的训练，熟练运用手册、图册、标准和规范等设计资料及使用经验数据、处理数据的能力的训练。

（三）机械设计课程设计的内容

机械设计课程设计一般选择由机械设计课程所学过的大部分通用机械零件所组成的机械传动装置或简单机械作为设计题目。传动装置中的减速器包含齿轮、轴、轴承、键、联轴器及箱体类零件，涵盖了本课程的主要内容，选择减速器进行设计可以使学生得到较全面的基本训练。故目前主要采用以减速器为主体的机械传动装置作为课程设计内容。课程设计的题目常选择通用机械（或其他简单机械）的传动装置设计，例如以齿轮减速器为主体的机械传动装置设计，其主要内容通常包括：

（1）确定传动装置的总体设计方案；

（2）选择原动机，计算总传动比及分配各级传动比，计算传动装置运动、动力参数；

（3）设计计算传动零件和轴；

（4）选择及校核计算轴承、联轴器、键、润滑、密封和连接件；

（5）设计箱体结构及其附件；

（6）绘制装配工作图；

（7）绘制零件工作图；

（8）编写设计计算说明书；

（9）设计答辩等。

课程设计中一般要求每个学生完成以下工作：

（1）装配工作图1张（A0或A1图纸）；

（2）零件工作图1～2张（如齿轮轴和齿轮等）；

（3）设计计算说明书1份等。

（四）机械设计课程设计的任务

机械设计课程设计要求每个学生完成的课程设计的题目通常为一般用途的机械传动装置或简单机械。这些设计题目所涵盖的知识面广、综合性强，具有代表性，对其他机械传动装置或简单机械的设计有一定的指导意义。常用的课程设计题目包括带式输送机、螺旋起重器（千斤顶）、起重机的工作机构、通用机械的传动装置等。

一般来说，现代机械系统是由原动机、传动装置、执行机构（或称工作机）和检测控制系统四大部分构成的，如图1所示。其中，原动机是系统的动力来源，如电动机、内燃机等；执行机构是机械系统中直接完成生产任务的工作部分；传动装置连接原动机和执行机构，将原动机的运动和动力转变或传递到执行机构；检测控制系统对机械系统中的某些工作参数进行测量和变换，以使机械系统能够自动、协调、安全、可靠、优质、高效地完成作业任务。

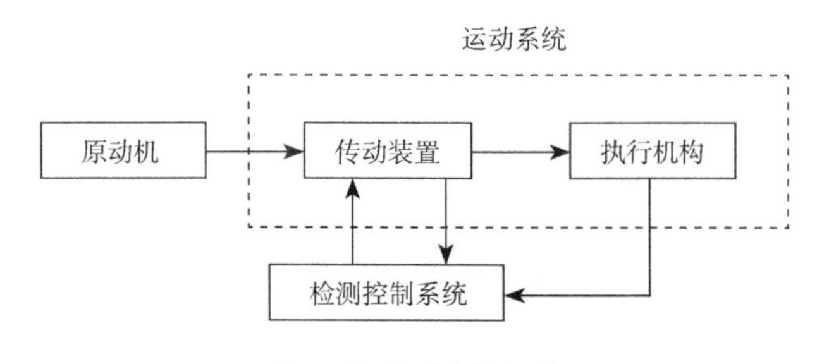

图1　机械系统的组成

带式输送机也称为胶带输送机，俗称皮带运输机，是现代连续运输的主要设备。带式输送机输送的物料可以是碎散物料，也可以是成件物品；既可以水平输送，也可以倾斜输送。所以，带式输送机广泛应用于现代化的各种工矿企业中。例如，带式输送机在矿山井下巷道、矿山地面运输、港口码头、火力发电厂、露天采矿场、选矿厂、物流、自动化流水作业等行业中都得到了广泛应用。图2所示为港口常用的带式运输机布置实景图。

图2　港口用带式运输机布置实景图

带式输送机由卷筒拉紧输送胶带，中部支架和托棍作为承载构件，靠摩擦力将物料从最初的供料点连续地输送到最终的卸料点。其结构如图3所示。

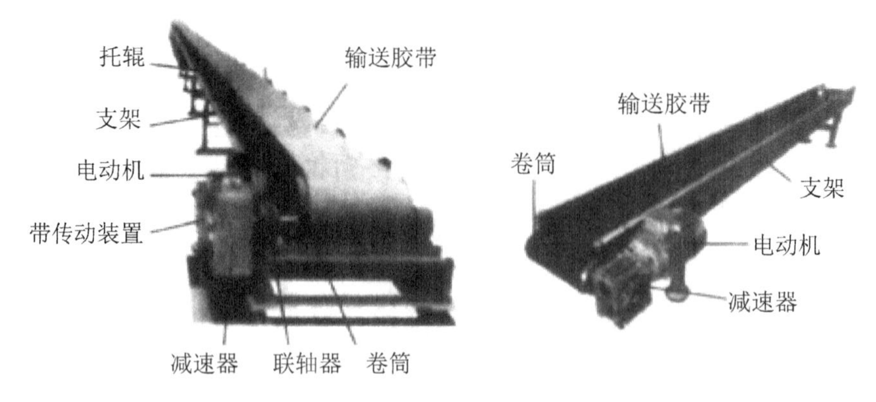

图3　带式输送机结构示意图

由于带式输送机结构还是比较复杂的，而此时学生的专业素养距离机电产品的整机设计尚有较大差距。因此，在一般的机械设计课程设计中，老师常选用其中学生较为熟悉的传动部分进行设计训练。因为传动装置是一般机械不可缺少的主要组成部分，其设计内容包括机械设计课程中学过的各种机构和通用零部件，也涉及机械设计的一般技术问题，适合学生目前的知识水平，能达到课程设计的目的和要求。

（五）机械设计课程设计的步骤

课程设计的步骤通常是根据设计任务书，拟定若干方案并进行分析、比较，然后确定一个相对正确、合理的设计方案；进行必要的计算和结构设计；用图样来表达设计结果；用设计计算说明书表示设计依据、每一设计步骤所包括的设计内容等。

机械设计课程设计与其他机械设计一样，设计过程的各阶段是相互联系的。若在后一阶段的设计中出现不当之处，往往需要对前一阶段的设计作出修改。另外，在拟定传动方案和设计计算及结构设计时，采用了一些初选参数或初估尺寸、经验数据等，因此，随着设计的深入，一些开始时没有出现的问题逐渐暴露出来，这就需要设计时“边计算、边绘图、边修改”，设计计算与结构设计、绘图交替进行。课程设计的步骤及主要内容见表3。

表3　课程设计的步骤及主要内容

序号	工作步骤	主要内容	学时比例/%	备注
1	设计准备	阅读设计任务书，明确设计要求、工作条件和内容； 参观实物和模型，进行装拆机械传动装置实验，阅读课程设计指导书； 准备设计资料及绘图用具，并拟定设计计划和进度	5	
2	传动装置总体设计	拟定和确定传动方案； 计算所需电动机的功率、转速，选择电动机的型号； 确定传动装置的总传动比，分配各级传动比； 计算各轴的功率、转速和转矩	5	
3	传动零件设计计算	减速器外的传动零件设计，如开式齿轮传动、带传动、链传动等； 减速器内的传动零件设计，如齿轮传动、蜗杆传动等	5	
4	装配工作底图设计	选择合适的比例尺，合理布置视图，确定减速器各零件的相互位置； 选择联轴器，初步计算轴径，初选轴承型号，进行轴的结构设计； 确定轴上力的作用点及支点距离，进行轴、轴承及键的校核计算； 分别进行轴系部件、传动零件、减速器箱体及其附件的结构设计	45	
5	装配工作图设计	完善装配工作图样； 标注主要尺寸与公差配合以及零件序号； 编写明细表、标题栏、技术特性及技术要求等	20	
6	零件工作图设计	绘制轴类、齿轮类或箱体类零件的必要视图； 标注尺寸、公差及表面粗糙度； 编写技术要求和标题栏等	10	
7	编写设计计算说明书	编写设计计算说明书，内容包括所有的计算，并附有必要的简图； 说明书最后应写上设计总结，总结个人所作设计的收获体会和经验教训	5	
8	答辩	做好答辩前的准备工作； 参加答辩	5	

（六）课程设计要求和应注意的问题

机械设计课程设计是学生第一次进行的比较全面的综合训练。对学生一般有下列要求：

（1）在设计过程中必须严肃认真、刻苦钻研、一丝不苟、精益求精，还要积极思考、主动提问，并及时向指导教师汇报情况，使学生在设计思想、设计方法和技能等方面都获得锻炼和提高。

（2）课程设计一开始时就应准备好一本草稿本，把设计过程中所考虑的主要问题、从其他参考书及设计手册中摘录的资料和数据以及一切计算写在草稿本中，以便随时检查、修改，并妥善保存。不要采用零散草稿纸，以免散失而重新演算，这样在最后整理和编写设计计算说明书时，可以节省很多时间。

（3）课程设计中，有些零件（如齿轮）可由强度计算确定其基本尺寸，再通过草图设计决定其具体结构和尺寸；而有些零件（如轴）则需先经初算和绘制草图，得出初步符合设计条件的基本结构尺寸，然后进行必要的核算。根据核算的结果，再对结构和尺寸进行修改。因此，计算和设计绘图互为依据、交替进行，这种“边计算、边绘图、边修改”的“三边”设计方法是机械设计的常用方法。

课程设计过程中还应注意以下4点：

（1）参考和创新的关系。设计是一项复杂、细致的工作，任何设计都不可能脱离前人长期经验积累的资料而凭空想象出来。熟悉和利用已有的资料，既可避免许多重复工作、加快设计进程，同时也能保证设计质量。善于掌握和使用各种资料正是设计工作能力的重要体现。然而，任何新的设计任务总是有其特定的设计要求和具体的工作条件，因而在设计时不可盲目、机械地抄袭资料，而应具体地分析，吸收新的技术成果，创造性地进行设计。

（2）课程设计应在教师指导下由学生独立完成。教师的主导作用在于指明设计思路、启发学生独立思考、解答疑难问题，并按设计进度进行阶段审查。学生必须发挥自己的主观能动性，积极主动地思考问题、分析问题、解决问题，而不应过分地依赖教师，避免“知其然，不知其所以然”。

（3）标准和规范的采用。设计中采用标准和规范，既可使零件具备良好的互换性和加工工艺性. 收到较好的经济效益；又可减轻设计工作量，节省设计时间。因此，熟悉标准和熟练使用标准也是课程设计的重要任务之一，如带轮的直径和带的基准长度、齿轮的模数、轴承的尺寸等应取标准值。

为了制造、测量和安装的方便，一些非标准件的尺寸，如轴的各段直径，应尽量圆整成标准数值或选用优先数值。

绘制工作图时，图纸的幅面及格式、比例、图线、字体、视图表达、尺寸标注等也应严格遵守机械制图的标准。

（4）强度计算和结构要求的关系。设计时的理论计算可以提供一个零件的最小尺寸或提供一个强度、刚度、稳定性满足使用要求的依据。另外还应根据结构和工艺的要求确定尺寸，然后再校核强度，或者直接根据经验公式计算尺寸。

学生在课程设计时，要求设计态度认真、有错必改，反对懒惰和依赖思想，反对不求甚解、照抄照搬。只有这样，才能保证课程设计达到教学基本要求，使学生在设计思想、设计方法和设计技能等方面得到良好的训练。

三、课程教学实践

本学期“港机构造与设计基础”课程是延续上学期的教学。前两周线下教学结束后，刚好把相关的理论部分讲完，进入“课程设计”阶段。

（一）课程设计任务

考虑到学生的专业基础，本次课程设计的设计题目确定为：带式输送机传动装置的设计。

根据设计要求，题目的原始数据包括输送带工作拉力、输送带工作速度、滚筒直径等参数。

为了方便计算，任务书还明确了带式输送机的使用寿命、使用条件（如工作制、是否为连续工作、单向或双向运转、载荷变化情况、是否空载起动等）、生产批量、输送带速度容许误差等。

带式输送机的整体布置如图4所示。带式输送机的传动简图如图5所示。

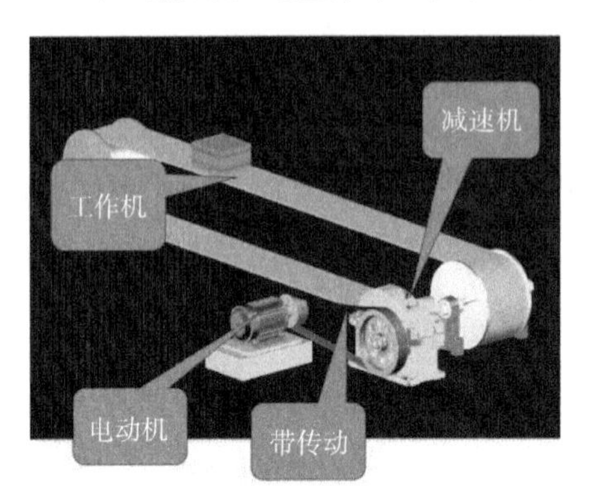

图4　带式输送机的整体布置示意图

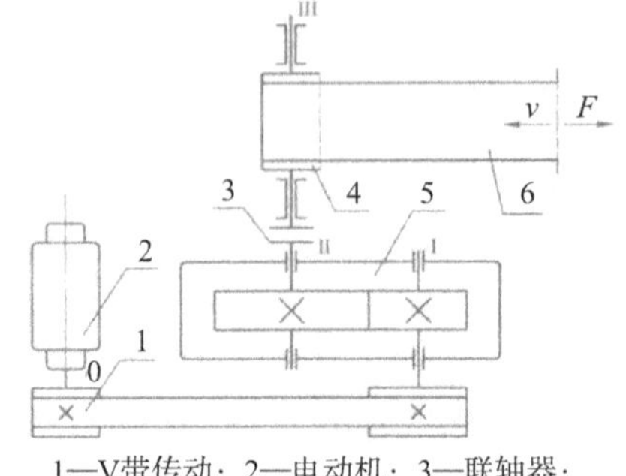

图5　带式输送机传动装置的传动简图

（二）教学设计

如前所述，课程设计属于一个综合性的训练，俗称“大作业”。学生在完成此任务的过程中，相当于对先修课程的一次集中复习和应用。例如，原动机部分，涉及所学“电机拖动与控制”或“内燃机”等方面的知识；检测控制系统，涉及所学“电工电子技术”“PLC控制技术”“单片机”“工厂供电”等方面的内容；传动装置和执行机构涉及“机械制图”“互换性与技术测量”“工程材料与制造基础”“工程力学”“机械设计基础”“液压与气动技术”等课程内容。对于整个机器的设计来说，“物理”“数学”知识更是所用到的最基础的知识。

1.教学目标

通过本课程的学习，使学生能够综合运用机械设计课程和其他有关先修课程的理论及生产实践的知识去分析和解决机械设计问题，并使所学知识得到进一步巩固和深化；通过实训，学习机械设计的一般方法，了解和掌握常用机械零部件、机械传动装置或简单机械的设计过程和进行方式，培养正确的设计思想和分析问题、解决问题的能力，特别是总体设计和零部件设计的能力；通过计算和绘图，学会运用标准、规范、手册、图册查阅有关技术资料，培养机械设计的基本技能。经过了“课程设计”训练后，学生在知识、技能、态度等方面都会有一定的收获。

2.教学要求

为了实现上述教学目标，对于“课程设计”的总体教学要求如表4所示。

表4　课程设计的总体教学要求

	知识＆技能	重点	难点	目标达成度				
				识记	理解	应用	分析	综合
教学要求	知识1：带式输送机传动装置总体设计方案的优化与选择	√	√		√		√	
	知识2：电动机的选择与计算，功率及机械效率的计算	√			√	√		
	知识3：传动装置运动、动力参数的计算与分析		√			√		√
	知识4：带传动、齿轮传动的设计、计算与分析	√			√	√		√
	知识5：设计计算书的编制	√			√			√
	能力1：能根据传动装置设计方案及计算结果选择轴承、联轴器等部件				√	√	√	
	能力2：能按照设计计算要求，绘制相关的装配工作图（包括技术要求）	√	√		√		√	√
	能力3：能按照设计计算要求，绘制相关的零件工作图（包括技术要求）	√			√	√		
	能力4：能按照设计任务要求，掌握计算、运用手册、标准、规范的能力	√			√	√		√

3.教学场景设计

本次课程设计利用现代信息技术，由视频、动画案例模拟情境，通过逐一完成任务的形式，达到教学效果。课堂以小组为单位，每组3人左右，教学过程师生互动、生生互动，通过教师引导，充分创设团队合作、平等的教学氛围。

4.教学资源

课程设计过程中所用到的教学资源包括：工程图册、设计手册、标准或规范文本、设计参考书、教学视频、3D动画、Flash互动、图片、多媒体课件、实物（零部件）、工程设计案例等。

5.教学活动流程

针对中高职贯通班学生的实际情况，为帮助学生尽快地熟悉设计流程、进入设计环节，任课老师设计了“课程设计”教学活动流程，如表5所示。

表5　教学活动流程安排表

	教学步骤	教学内容	教学组织形式	教学方法	达成目标	课堂时间
教学活动流程	1.设计准备工作	（1）阅读设计任务书，明确设计要求； （2）观察实物和模型，熟悉设备构造； （3）准备设计资料及绘图用具，拟订设计计划	通过案例向学生介绍机械设计课程设计的任务要求、设计过程、考核方法等	案例展示；师生互动；教师讲解	通过教学，使学生了解机械设计课程设计的目的和要求	2课时
	2.传动方案的确定	（1）按照设计任务书要求拟订若干传动方案； （2）对拟订的传动方案进行技术、经济比较； （3）优化并确定传动方案	用多媒体资源引出案例，复习机械传动知识；进行传动方案比较；学生练习，老师反馈意见	案例分析；视频展示；图片展示；师生互动；学生练习；教师讲解	通过教学与练习，使学生能够正确地确定传动方案	4课时
	3.电动机的选择	（1）电动机类型和结构形式的选择； （2）确定电动机功率和同步转速； （3）确定电动机型号	用多媒体资源引出案例，复习电动机知识；进行传动装置效率、功率、转速计算教学；学生练习，老师反馈意见	案例分析；视频展示；图片展示；师生互动；学生练习；教师讲解；课程小结	通过教学与练习，使学生会计算传动效率、功率及转速，合理选择电动机	4课时

续表

	教学步骤	教学内容	教学组织形式	教学方法	达成目标	课堂时间
教学活动流程	4.传动装置总传动比的计算及各级传动比的分配	（1）计算总传动比； （2）分配各级传动比； （3）验算工作机构转速	用多媒体资源引出案例，复习传动比知识；进行传动装置总传动比、各级传动比计算教学；学生练习，老师反馈意见	案例分析；视频展示；图片展示；师生互动；学生练习；教师讲解；课程小结	通过教学与练习，使学生会计算与分配传动比	4课时
	5.传动装置运动及动力参数的计算	（1）计算各轴转速； （2）计算各轴功率； （3）计算各轴转矩	用多媒体资源引出案例，复习传动装置运动及动力参数计算知识；进行各轴转速、各轴功率、各轴转矩计算教学；学生练习，老师反馈意见	案例分析；视频展示；图片展示；师生互动；学生练习；教师讲解；课程小结	通过教学与练习，使学生会计算传动装置各轴的转速、功率、转矩等	4课时
	6.减速器外的传动零件的设计——带传动的设计计算	（1）确定计算功率； （2）选择V带的带型； （3）确定带轮的基准直径及验算带速； （4）确定V带的中心距和基准长度； （5）验算小带轮的包角； （6）计算带的根数； （7）计算单根V带初拉力的最小值； （8）计算压轴力； （9）带轮结构设计	用多媒体资源引出案例，复习带传动知识；进行带传动的计算与选型教学；学生练习，老师反馈意见	案例分析；视频展示；图片展示；师生互动；学生练习；教师讲解；课程小结	通过教学与练习，使学生会计算带传动的相关技术参数，合理选择V带	4课时
	7.减速器内的传动零件的设计——齿轮传动的设计计算	（1）选定齿轮类型、精度等级、材料、齿数； （2）齿轮几何尺寸计算； （3）齿轮的结构设计	用多媒体资源引出案例，复习齿轮传动知识；进行齿轮设计、几何尺寸计算、齿轮结构计算教学；学生练习，老师反馈意见	案例分析；视频展示；图片展示；师生互动；学生练习；教师讲解；课程小结	通过教学与练习，使学生会设计计算齿轮传动装置	8课时

续表

	教学步骤	教学内容	教学组织形式	教学方法	达成目标	课堂时间
教学活动流程	8.轴的设计计算	（1）轴的选材及其许用应力的确定； （2）轴的最小直径估算； （3）减速器装配工作底图的设计； （4）高速轴的结构设计； （5）低速轴的结构设计	用多媒体资源引出案例，复习轴的知识；进行减速器装配工作草图设计、轴的设计与计算教学；学生练习，老师反馈意见	案例分析； 视频展示； 图片展示； 师生互动； 学生练习； 教师讲解； 课程小结	通过教学与练习，使学生能进行减速器装配工作草图设计、轴的设计与计算等	8课时
	9.键的选择与强度校核	（1）高速轴外端处； （2）低速轴外端处； （3）低速轴大齿轮连接处	用多媒体资源引出案例，复习键连接知识；进行传动装置键连接的计算教学；学生练习，老师反馈意见	视频展示； 图片展示； 学生练习； 教师讲解	通过教学与练习，使学生会计算传动装置的键连接，合理选择键	2课时
	10.减速器的润滑与密封	（1）齿轮的润滑； （2）轴承的润滑； （3）减速器的密封	用多媒体资源引出案例，复习机器润滑、密封知识；进行润滑与密封的计算教学；学生练习，老师反馈意见	视频展示； 图片展示； 师生互动； 学生练习； 教师讲解	通过教学与练习，使学生会选择传动装置的润滑和密封方式	2课时
	11.编写设计计算说明书及设计小结	（1）整理完整的计算文本，并附有必要的简图； （2）编写设计小结，总结个人所作设计的收获体会和经验教训； （3）整理参考资料附在说明书最后	通过企业的工程实例，向学生介绍课程设计计算说明书编写要求、注意事项等	案例分析； 师生互动； 教师讲解	通过教学与练习，使学生初步掌握的设计计算说明书的编写方法	4课时

（三）疫情带来的教学应对措施

自2022年3月14日开始，突发的疫情使本学期教学全面转为线上教学。为了应对教学模式的突然变化，任课老师对于教学内容、教学模式进行了部分调整，以适应线上教学的要求。

1.线上教学的“三管齐下”

直播教学与线上学习资料相结合、课堂讨论与24小时在线答疑相结合、在线测试与设计报告相结合等。

2.调整部分教学内容

机械设计的“课程设计”主要有两大要素：一是设计计算；二是工程图设计。其中的工程图设计线下教学应该在学校的多媒体教室比较方便。任课老师通过对学生的情况了解，有相当一部分同学家里没有电脑或无法安装CAD软件，这给工程图设计带来了很大的困难。无奈之下，老师只能取消了一部分工程图设计的练习，保留了轴、齿轮最基本的零件图设计；把原来部分绘制工程图的工作量改为设计计算，这样比较适应线上教学的实际情况。

3.运用现代信息技术弥补缺憾

由于本次“课程设计”是第一次在本专业开设，加上学生的理论基础相对较差，给线上授课带来了意想不到的困难。

首先碰到的问题是无法像在教室里那样给学生提供一些真实的零部件帮助他们理解设备的构造。为了弥补缺憾，任课老师收集了大量的图片、视频及三维仿真等素材放到学习平台上，供同学们观摩，换一种方法让学生能直观地感受零部件的构造特征。

接下来的问题是缺乏工具书。因为学生在进行设计过程中，需要查阅许多手册或工具书。由于版权等原因，这些资料网络上比较难以获得。任课老师就把他以前在企业工作时用过的资料拍照放到学习平台上供同学们参考。

第三个问题就是线上如何辅导学生。老师给学生提供了三个渠道：一是直播教学辅导，有针对性地对学生存在的共性问题进行讲解。二是在学习平台上开设了专门的讨论空间，学生有问题可以24小时给老师留言。三是利用即时通信软件方便师生及时沟通。由于学生是第一次上类似的课程，在做练习或设计的时候心里没底，所以讨论空间里几乎24小时都有学生在提问，老师则予以及时回复。

四、考核及教学质量的控制

（一）考核

1.考核内容

本课程结束时，学生需要提交如下文件：

（1）减速器零件工作图（轴）1张（A3）；

（2）减速器零件工作图（齿轮）1张（A3）；

（3）设计计算说明书1份。

因为是线上教学，提交在学习通平台上进行。

2.评分标准

（1）减速器零件工作图（轴）1张（10分）。完全按机械制图的标准绘制，尺寸标注准确、文字说明无误可得满分。否则酌情扣分。

（2）减速器零件工作图（齿轮）1张（10分）。完全按机械制图的标准绘制，尺寸标注准确、文字说明无误可得满分。否则酌情扣分。

（3）设计计算说明书1份（40分）。计算完整、正确，书写完整，插图清楚规范，符合任务书要求得满分。否则酌情扣分。

3.考核形式

查阅学生完成的图纸及设计计算说明书等文件资料，按评分标准给出成绩。

4.成绩评定

平时成绩占40%，设计工作图占20%，设计计算说明书占40%。

（二）教学质量控制

1.通过24小时在线的课堂讨论空间，及时观察学生的学习动态

由于线上教学不如教室里上课方便师生之间的沟通，任课老师在学习通平

台上设置了24小时在线的讨论空间，老师可以随时通过讨论空间或微信群对学生提出的问题进行答复或讨论，如图6所示。

港机设计
我这个正常吗
比如你的小齿轮选得齿数大一点，同样的传动比，大齿轮的齿数就多了
田飞
我也是这样，小的特小，大齿轮特大
谢子杰
我小的18 大的120多

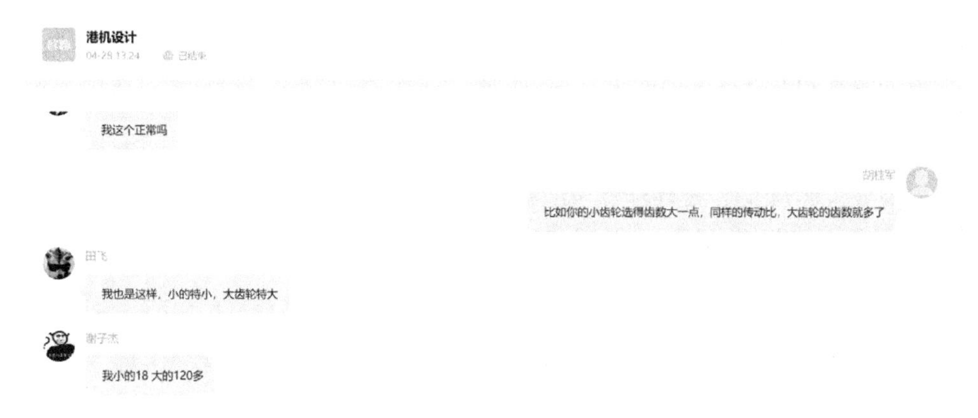

图6　课堂讨论内容截图

2.通过课堂练习或课后作业，及时检查学生学习效果

由于老师授课时无法看到学生，这给一些不肯学习的学生提供了非常宽松的自由空间。老师可以通过超星平台对学生任务点、作业完成情况予以监控。由于课程最后两次作业属于综合练习，为了保证教学效果，任课老师逐一对每个学生发送针对性的回复意见达3 000多字，一个班约10万字，这就使得所有同学能够根据老师的意见进行下一步的修改完善，有利于保证学生的课程设计质量，如图7所示。

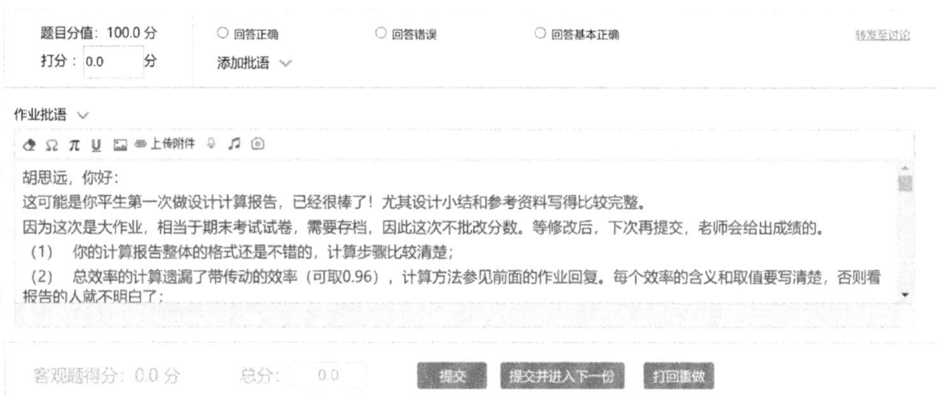

题目分值：100.0 分
打分：0.0 分
回答正确
回答错误
回答基本正确
转发至讨论
添加批语
作业批语
上传附件
胡思远，你好：
这可能是你平生第一次做设计计算报告，已经很棒了！尤其设计小结和参考资料写得比较完整。
因为这次是大作业，相当于期末考试试卷，需要存档，因此这次不批改分数。等修改后，下次再提交，老师会给出成绩的。
（1）　你的计算报告整体的格式还是不错的，计算步骤比较清楚；
（2）　总效率的计算遗漏了带传动的效率（可取0.96），计算方法参见前面的作业回复。每个效率的含义和取值要写清楚，否则看报告的人就不明白了；
客观题得分：0.0 分
总分：0.0
提交
提交并进入下一份
打回重做

图7　学生的设计计算书初稿反馈意见示意

（三）实际教学效果

2019级中高职贯通班共有30名学生，全班同学都能按照考核要求及时提交设计图纸和设计计算说明书。部分同学由于受条件制约，设计图纸未能采用CAD制图，计算说明书直接书写在了本子上。按照评分标准，全班工程图设计的平均分数为74.58，设计计算说明书的平均分数为76.7，计入平时成绩之后，期末总成绩的平均分数为74.33，基本上反映了该班学生的真实水平。从学生提交的设计资料分析，学生普遍存在的问题是物理、制图、CAD、力学、材料、制造工艺等一些学科的基础薄弱，使学生在课程设计中感觉到比较困难。

1.零件工作图设计示例

老师给出的参考图如图8所示。

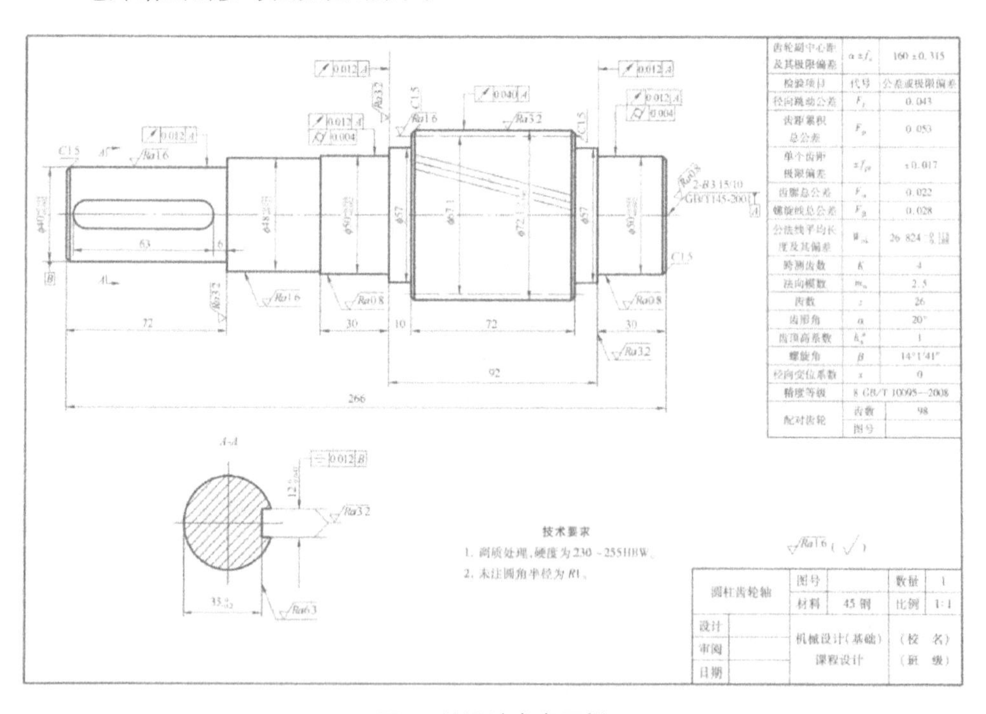

图8 轴设计参考图样

学生设计的零件图如图9所示。

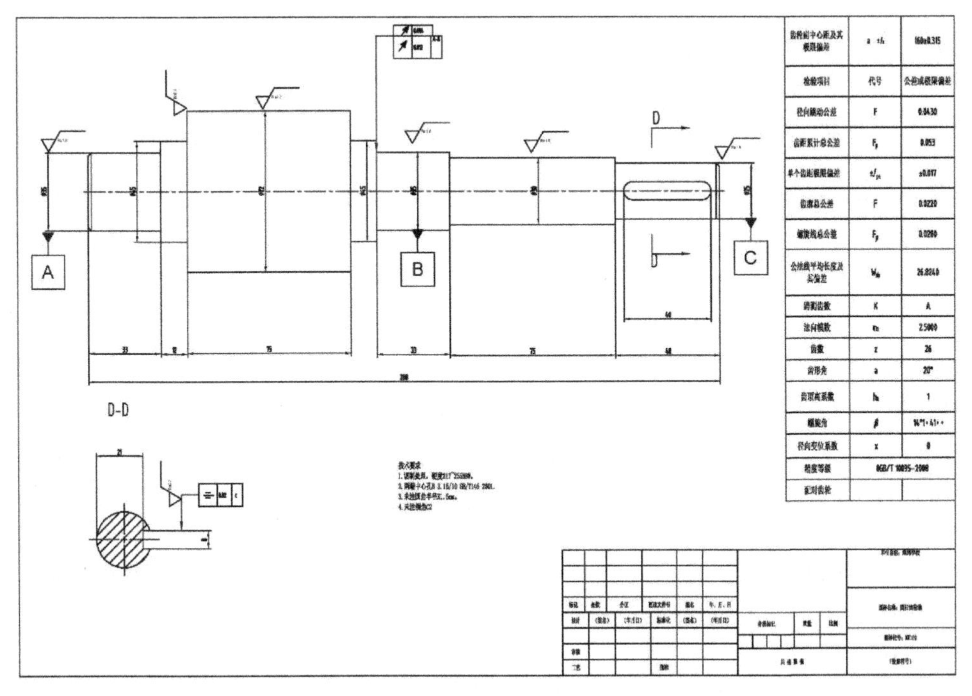

图9　学生的设计工作图示例

2.设计计算说明书示例

学生完成的设计计算说明书示例，如图10所示。

二、电动机的选择

2.1　电动机类型和结构形式的选择

由于每日两班工作制，输送机连续工作，单向运转，载荷变化较小，空载起动，采用Y系列三相鼠笼式交流异步电动机电压380v

不必需垂直运转，因此安装方式采用卧式，且环境较清洁，干燥，防护形式采用防护式

2.2　确定电动机功率

（1）传动装置的总效率

联轴器传动效率：查表3-1知0.99

轴承传动效率：查表3-1选滚动轴承为0.98

齿轮传动效率：查表3-1选8级精度为0.97

带传动效率：查表3-1选v带0.90

滚筒与输送带选0.98

$\eta_{\Sigma}=\eta_1\eta_2^3\eta_3\eta_4\eta_5=0.855$

采用Y系列三相鼠笼式交流异步电动机电压380v

安装方式采用卧式，防护形式采用防护式

传动装置的总效率为0.7656

电动机功率2.938kw

图10　学生的设计计算书示例

五、结语

虽然课程设计的线上教学是客观原因造成的，对老师和学生来说实属无奈，但通过这种全新的教学方式，在老师和同学们的共同努力下，圆满地完成了课程教学任务，同时也从另外一个角度在利用互联网和现代信息技术辅助教学等方面取得了一些宝贵经验。

总体来说，机械设计课程设计对于初中起点的中高职贯通专业的学生的确偏难，这是学生的基础造成的。以至于有位同学在第一稿“设计计算说明书”中的设计小结只写了两个字“好难”，这也反映了部分学生的真实感触。但考虑到中高职贯通培养的学生毕业时将获得高职文凭，到了企业有可能会从事一些技术或管理方面的职业。因此，在学校给他们进行初步的机械设计基础训练还是必要的；从实际教学实践看，经过努力也是可行的。

在这门课学生所附的设计小结中，有位同学写下了下面一段文字：“此次课程设计并非完全依葫芦画瓢，设计过程中有很多内容需要我们自己去理解，去分析并作出选择。一百个人做就能得到100份不同的设计报告，如选择不同的传动比或是根据经济和节约（要求，可以）选择不同的电动机。这次设计的是带式输送机传动装置，里面包含了许多东西，如电动机、单级圆柱齿轮减速器、V带传动和齿轮设计。平时的知识储备又不多，也没什么设计经验。拿到题目之后手忙脚乱，不知从何入手。好在在老师的辅助和不断翻阅课本中修修改改也完成了。总的来说，这次设计计算我是收获颇丰，设计过程也很有趣，希望我以后设计的东西能用手绘或CAD的方式呈现出来。”对于一个初次接触设计课程的同学，有此感悟，还怕学不好吗？

参考文献：

[1] 胡桂军，等. 上海市职业教育国际水平机电设备安装与维修专业教学标准[M].

上海: 华东师范大学出版社, 2016.

[2] 谭移民. 开放·融合·引领——上海市中等职业教育专业教学标准开发与实施的探索[J]. 江苏教育, 2017(20): 20-23.

[3] 胡桂军. 安全生产的职业素养养成[M]. 上海: 华东师范大学出版社, 2014.

[4] 胡桂军. 上好现代职教课的“三要素”——以上海市职业教育国际水平专业教学标准实施为例[J]. 江苏教育(职业教育版), 2019(4): 18-20.

[5] 栾学钢. 机械设计基础课程设计[M]. 2版. 北京: 高等教育出版社, 2021.

[6] 栾学钢. 机械设计基础[M]. 4版. 北京: 高等教育出版社, 2021.

基于诊改常态化下的“电气系统安装与调试”课程教学改革探索

蒲小莲

摘　要： 2021年10月，上海市教委印发了上海市园林技术等22个中高职教育贯通专业教学标准名单，其中包括机电一体化技术。为更好地适应机电一体化（中高贯通）专业建设及人才培养的新教学标准，将课程教学诊改常态化落实落地，通过对我校“电气系统安装与调试”课程现状及建设基础进行分析，围绕课程目标对课程内容、任务引领型教学及线上线下混合式教学模式进行探索，为进一步的课程教学改革探索奠定基础。

关键词： 教学标准　诊改常态化　课程目标　教学模式　教学改革

引　言

自《中等职业学校教学工作诊断与改进指导方案（试行）》（教职成司函〔2016〕37号）推行以来，中等职业学校在落实和推进诊改工作中始终秉承诊改是内部质量提升的持续动力，同时也将课堂教学诊断工作视为提高自身教学质量的关键手段。上海市教委印发了机电一体化（中高贯通）专业的最新教学标准，该标准中关于本专业毕业生必备的十条职业能力的描述集中体现了人才培养的目标与方向。本文就以梳理“电气系统安装与调试”课程教学诊改思路为主题，以适应新标准的职业能力要求，使课程学习目标能有效支撑人才培养目标，并着力实现课程教学中的“目标标准是依据、问题导向是关键、持续改进是常态”的诊改方针，充分展现以课程教学诊断为课程质量建设补短板的关键策略。

一、以职业能力需求确立课程目标

（一）课程现状及建设基础

新教学标准中的“电气系统安装与调试”课程对应的原课程名称为“电机原理与控制”，课程设置为专业基础课程，课时为64课时。为更好地对接新教学标准，课程名调整为“电气系统安装与调试”，设为专业必修课，课时增加为72课时。课程的教学计划仍安排在完成先修课程如物理、电路分析与应用、机械技术及基础等的第四学期。

原“电机原理与控制”课程授课采用理实一体的授课模式，课程教学中包括相应的仿真实训平台，以及视频演示、实验室实训等环节，便于学生对知识点的掌握，但总体来说理论教学时数占比过多，学生对于纯理论的教学难理解，学习兴趣不足，难以达到较好的授课效果；另外课程的综合性较强，涉及的基础知识面广，要在有限的课时内涵盖尽可能多的知识点，也是课程授课存在的一大难点。课程建设的优势在于教师团队成员多为双师型教师，无论理论教学经验还是实践教学经验都比较丰富；目前课程相关的教学资源素材多样，包括动画、视频、图片、仿真平台、练习题库等；此外学校拥有电气系统装调操作实训室以供学生实训练习；与本课程对接的1+“X”电工（中级）职业技能证书报考工作也已经开始试点，学生通过率基本符合预期，但还有很大的提升空间。

（二）确立符合职业能力培养的课程目标

通过对机电一体化中高贯通专业的新版教学标准的职业能力进行分析，

“电气系统安装与调试”的课程学习目标需对接其中至少三项职业能力目标：①能根据机电产品检验标准和技术要求正确选用相应的测量仪器检测手段或测试软件对机电产品进行检测和管理；②根据机电设备安装手册要求、技术规范、工艺流程和控制过程，正确使用相关仪器和方法完成设备的机械、电气、液压、气动、机器人系统等的安装、调试、运行和维护；③能根据机电设备故障状态，按照设备工程图样，查阅相关手册，选用合适的工具仪器仪表对设备进行故障诊断和维修。根据教学标准中对学生的职业能力要求并结合我校机电一体化专业的港航特色，确立“电气系统安装与调试”课程以港口和其他相关装备制造企业中的电机电气控制系统维修的中高级技术人员等相关工作岗位能力为目标，兼顾1+“X”电工（中级）职业技能考证目标需求，通过本课程的学习，要求学生掌握电气控制系统安装、维修及使用技术的相关专业知识和综合职业能力，初步具有解决电机控制、电气线路维修及解决实际问题的能力，树立使用机电设备的安全意识，具备科学的工作方法、良好的职业道德意识和创新思维能力，为学生今后职业能力发展奠定良好的基础。

二、以课程目标为依据，提出课程内容诊改思路

课程教学内容的构建需充分体现职业特色和先进性，课程安排的典型工作任务要与实际工作任务、社会生产实际相对接，将职业能力贯穿在课程学习的始终。考虑中职学生的认知心理、认知特点及新教学标准要求，以更好地实现课程教学目标，“电气系统安装与调试”课程教学内容安排全面升级为模块化组织架构，如图1所示。课程分为四个教学模块，每个模块下设工作项目，工作项目再分解为典型工作任务。[1]

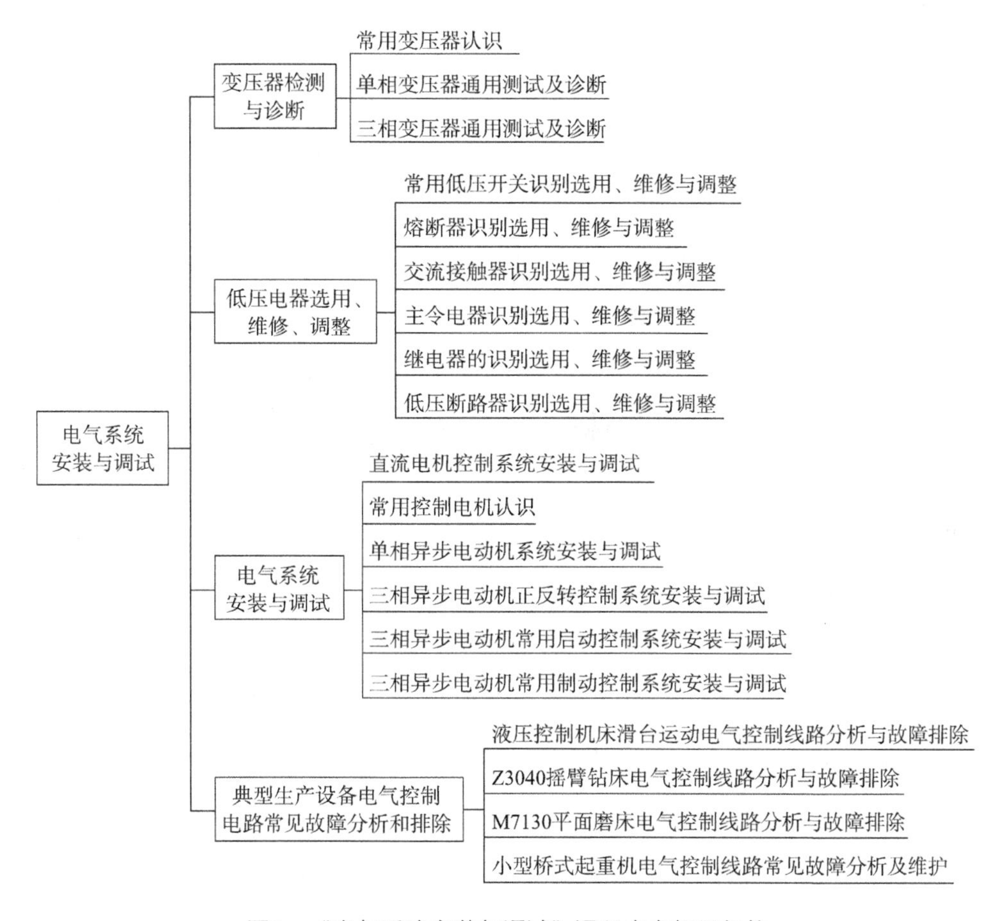

图1 “电气系统安装与调试”课程内容组织架构

课堂的教学质量诊断与改进是提升课堂教学质量的重要环节。作为课程教学诊断内容指标之一的教学内容不仅要符合课程标准的要求，更要厘清课程教学项目、任务之间的内在联结关系及对学生能力培养的贡献点。首先，项目中任务内容安排遵循从单项到综合、从简单到复杂的顺序，如变压器项目的实施中先从变压器的日常应用入手认识变压器，再进行单相变压器的通用测试及诊断，最后过渡到三相变压器；如电气系统安装与调试模块，作为课程内容的组织核心，关于三相异步电动机的典型任务则是按点动、连续、正反转、启动、制动的逻辑展开。其次，课程内容中增加适应现代各工业控制系统场合的“常用控制电机的认识”，如伺服电机广泛应用于运动控制系统，步进电机应用于数控机床系统，使学生对控制电机在现代工业自动控制技术中的应用有直观的认识，拓展学生的知识视野及提升学生的学习兴趣。另外，结合我校机电一体化（中高贯通）专业的港航特色，增加“小型桥式起重机电气控制线路常见故障分析及维护”，使学生提升知识技能的同时也对职业岗位能力的需求有更深入的认识，有利于学生职业能力的形成。

三、结合理实一体化环境，推动任务引领型教学

“电气系统安装与调试”课程的授课除传统的专门供学生实训的实训室外，还需要在整个教学环节中营造理论和实践能交替进行的理实一体化教学环境，突出体现理中有实、实中有理，加强学生动手能力和专业技能的培养。教学过程中采用“教、学、做”一体化进行的教学模式，打造任务引领的学习型课堂，积极发挥学生的主体作用。[2]

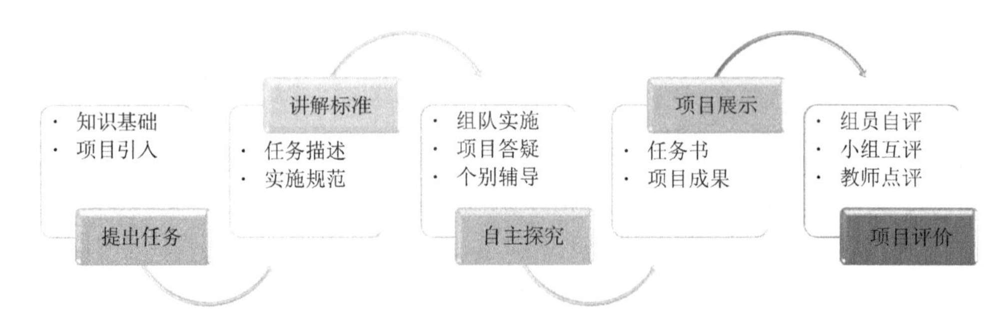

图2　典型任务教学流程

如图2所示，以典型任务“三相交流异步电动机的点动控制系统安装与调试”为例，以学生的素质提升和技能培养为核心，围绕任务引领型教学展开典型任务的教学流程进行说明。在完成低压电器模块任务学习后，进行“点动控制电路安装与调试”任务的学习，传统的教学一般是先安排理论学时通过PPT

讲解线路工作原理，然后再在实训室讲解实训设备及线路安装要求，组织学生以个人或小组形式实施。理论讲解环节虽然有直观的图片及相关视频、动画等演示，但仍是以教师讲解为主体，理论和实践没有有机地融为一体，学生的学习效果无法充分保证。而在典型任务教学流程中则首先采用“什么是点动，什么场合需要电动机点动”的提问方式启发学生思考，教师利用相关的生产实际系统进行视频演示，指出机床控制等某些特定生产场合需要电动机点动，从而提出学习任务；讲解标准时，教师对实施任务进行描述，着重知识、技能点的分解，让学生明确任务学习目标，建议学生操作流程，如：自主选择低压电器、仿真实训平台自主模拟操作、熟悉电气线路安装工艺规范、安全操作实施要点等；学生自主探究环节，学生组队合作实施，在实际系统安装过程中学生可协作探讨，强调团队合作意识，教师进行探究中问题答疑及个别辅导，学生需在实施项目任务过程中完成项目任务书的书面内容；项目展示环节包括任务书完成（设备选择、图纸绘制、安装规范要点、实施问题、解决策略、任务小结、自评）及实际系统安装成果展示，最后由教师组织项目评价。

为真正体现“做中学、学中做”，实现以学生为学习主体的教学，力促课堂教学的活跃与高效。在本工作任务的实施过程中，学生通过自主探究，将难以理解的电气原理图分解为各低压电器元件的组合，将元件符号与实际器件相匹配，在安装过程中学习电路安装工艺、标准和规范及电路调试和检修方法，最后再通过自主测评、学生互评、教师评价，不仅考核学生学习效果，提高学生对系统装调的正确性、工艺性以及职业与安全、协作意识等方面的意识。教师根据学生实施过程存在的问题及实施结果进行总结分析，通过对课堂实时自诊与改进，不断优化课程的教学设计。总的来说，任务引领型教学中，教师主要引导学生学习，课堂教学的主体为学生，依托典型任务的开展，一步步地向全面掌握课程需要的安装与调试技能推进，最终使学生学习到有用、够用的专业知识与技能。

四、信息技术融合教学，探索线上线下混合式教学模式

（一）以典型工作任务为载体，推动课程教学资源建设

教学的有效开展离不开各种丰富的教学资源，教学资源库的建设是诊断学校教学水平的重要指标，对于推动我国职业教育教学模式改革起到重要作用。结合当前职业教育线上线下教学融合形势的新需求，积极推动教学资源库重新构建，梳理整合相关教学资源，实现课程资源利用最大化，也是课程诊改的重要环节。[3]“电气系统安装与调试”课程的教学资源大部分来自教师团队日常教学积累及不断的改革创新总结，资源信息比较丰富，但并未按课程的典型工作任务整合成体系。基于教学资源库建设应围绕职业教育的教学特点和课程标准来建设资源库的原则，“电气系统安装与调试”课程可按工作任务要求的知识点和技能点进行资源库素材的重新整理归类，如微课资源、动画资源、图片资源、视频资源、教学仿真平台等。根据专业新教学标准，课程对接的技能考核要求是达到1+“X”电工（中级）职业技能等级证书的相应考核要求，因此将电工（中级）考证中涉及电气系统安装与调试的相关知识的理论题库和实操项目进行归并，分布于课前导入、课中自主探究、课后复习巩固等环节。这样不仅对考证的理论知识点和技能点进行强化，也可切实提高课程实训效果和电工（中级）考证通过率。

（二）线上资源与线下教学联动，探索混合式教学模式

通过信息化平台整合教学资源，积极变革和创新教学模式，实现信息技术与教学的深度融合。当前线上线下混合式教学是职业学校教学改革的一种必然趋势。根据“电气系统安装与调试”课程标准和要求，将以项目、典型工作任务为目录框架的知识、技能点的课程教学资源上传至超星学习通平台，构建线上学习平台与线下教学平台相融合的线上线下混合式教学模式。[4]教师在线上平台设置课前预习、课后巩固环节，发布关于辅助线下教学的线上学习任务

点，学生进入学习通平台自主学习微课视频、操作仿真平台、打卡练习课程题库以及完成课后作业（如仿真接线视频）等，可在学习通平台班级空间或群聊反馈学习中的问题。学生之间、师生之间都可以很方便地进行交流，另外课程的理论知识题库的客观题（判断、选择）系统可自动批阅，学生提交后即可查阅正确答案及解析，方便学生在不断练习中有效提升正确率。教师可通过平台实时监督和查看学生学习进度并及时了解学习中的问题。线上学习平台和线下课堂教学的有机结合，实现了线上线下优势互补，充分发挥了学生的主体作用和教师的引导作用，彻底改变了学生被动接受知识的状态。线上自主学习使课堂教学得到延伸的同时，也让线下以自主探究为主的任务引领型学习更高效，使学生的学习效果和学习积极性都得到极大的提升。

五、结论

基于课程教学诊改的“8”字螺旋理念，诊改的目的是发现课程教学中的不足与问题并及时改进，使课程更好地为学生服务，提高教育质量。[5]通过以机电一体化（中高贯通）专业新教学标准印发、“电气系统安装与调试”课程教学改革探索为契机，对课程的高质量建设及专业技能人才的高质量培养都有着非常重要的现实意义。“电气系统安装与调试”课程教学改革中还有许多需要推进和完善的环节，如教学资源的质量、课程考核评价、学生个性化教育、学习反思等。只有不断在课程改革实践中积极探索研究，才能更好地培养高技能、有探究精神的职业技能人才。

参考文献：

[1] 黄鹤. 高职电气控制系统安装与调试课程改革的探索与实践[J].产业与科技论坛, 2018, 17(15): 153-154.

[2] 魏国莲,李文明,张东东,等.基于电气控制系统安装与调试课程的“理实一体化”教学模式研究与实践[J].科教导刊,2021(33):106-108.

[3] 蓝燕志.信息化背景下教学资源库的应用推广探析[J].南国博览,2019(2):69.

[4] 尤丹丹.线上线下混合式教学模式探索与实践——以《电气系统安装与调试》课程为例[J].电子元器件与信息技术,2022,6(4):250-253.

[5] 李爱萍.课堂教学诊改“8字”螺旋的建立与运行[J].湖北工业职业技术学院学报,2020,33(2):72-75.

基于HPS教育中IHVs教学模式的教学设计

——以认识“一带一路”倡议为例

宋　彬

摘　要：以海运地理课程中认识“一带一路”倡议为例，简要阐述了HPS教育模式及其在中职专业课程教学中的融入。在教授知识的基础上，基于HPS教育中IHVs教学模式进行了教学设计，对HPS教育模式在海运地理课程中的应用进行了探索。

关键词：HPS教育　IHVs　“一带一路”倡议　海运地理

引　言

20世纪80年代开始，西方部分学者在进行教育研究与改革的过程中，以建构主义为理论基础，融合科学史、科学哲学与科学社会学，提出了“HPS教育”，也就是，将科学史、科学哲学和科学社会学（History, Philosophy and Sociology of Science, HPS）的有关内容纳入科学课程，倡导在日常课程教学中渗透相关内容，以期让学生真正了解所学知识的形成过程，从而提升其对科学本质的认识，并提高科学教育的质量。

HPS教育从20世纪90年代开始引入我国，直到21世纪初，也并没有很好地走进中国的科学教育体系。近年来，物理、生物、化学等自然科学属性较强的学科开始将其融入课堂教学，并取得了较好的效果，不过在职业教育领域的专业课程教学方面的研究仍较少。

目前，基于HPS教育的教学模式主要有三类：交互式历史小故事、对话教学模式和融合教学模式。交互式历史小故事是指通过呈现精心选择、编排的历史小故事激发学生的兴趣，引导学生探究科学本质。对话教学模式是澳大利亚教授马修斯（Michael R. Matthews）于1994年所倡导的教学模式，又称“适度教学模式”。该模式主要是指在课堂教学中师生围绕有关科学本质的问题进行对话、交流与反思，以增强学生对科学实质的理解。融合教学模式是由英国学者孟克（Monk M.）和奥斯本（Osborne J.）于1997年提出的，该模式以建构主义理论为基石，力求充分调动学生的主观能动性和创造力。

本研究选取海运地理课程中“认识‘一带一路’倡议”的内容，在知识教学的基础上，参照HPS教育交互式历史小故事教学模式进行教学设计，以期为指向科学本质的HPS教育提供参考与借鉴。

一、IHVs的内涵

交互式历史小故事（Interactive Historical Vignettes，IHVs）是一种以科学史融入进行科学本质教学的有效策略和方法，由美国学者万达西（Wandersee James）和罗奇（Roach Linda）于1990年提出。IHVs是参照埃根（Egan K.，1986)的简约故事形式发展的一套用于促进科学本质理解的教学策略与方法，目的在于迅速有效地改善学生对科学本质的理解。

IHVs通过一系列与科学内容相关的有趣的科学史小故事，使教师在时间、环境限制情况下，有效地将科学史与科学本质适当地融入科学教学。IHVs运用中断故事设置悬疑，激发学生的好奇心，同时通过冲突与对立事件激发学生思考与科学本质相关的议题。教学过程中教师在故事发展到冲突高潮时中断，通过设置与科学本质相关的问题引导学生进行讨论，最后教师明示科学本质的内涵，从而修正学生对科学本质的看法。

二、IHVs的操作模式

将IHVs运用于课堂教学，关键要做好设计。

（1）要选取引人入胜的历史小故事，以激发学生的学习兴趣。所谓“工欲善其事，必先利其器”，改编符合学情的历史小故事，才能第一时间引起学生探索的欲望。

（2）要设置和课程知识点相关的问题，驱动学生自主思考并解决问题。引起学生注意是第一步，促使学生自主思考才是关键，在故事中设置问题让学生去讨论、去解决，才能更好地发挥IHVs教学模式的优势。

（3）要能从历史回归现实，让学生了解知识点的历史沿革后，去探究当前知识点的变化与发展。

三、IHVs课堂教学实例

以海运地理课程中“认识‘一带一路’倡议”为例，说明如何设计IHVs促进学生对科学本质内涵的理解。

“一带一路”倡议对于我国国际贸易的发展具有重要意义，引导学生了解“一带一路”倡议以及“一带一路”倡议对于我国对外贸易地理格局的影响也非常重要，既可以为未来学生从事相关工作奠定知识基础，也可以增强学生的爱国情感。

教师从我国古代丝绸之路的历史入手，利用动画视频带领学生穿越到古代，在让学生掌握古代丝绸之路的历史之后，再利用动画视频带领学生穿越回现代，引出“丝绸之路”与“一带一路”倡议的渊源，从而让学生去思考“一带一路”倡议的历史背景和主要意义（见表1）。

表1 认识“一带一路”倡议教学设计表

	教学步骤与内容	信息化教学组织形式	教学方法	达成目标
教学活动流程	查询学生预习情况，教师提问并通过案例引出课题——认识“一带一路”倡议	①课前利用超星学习通平台进行课前预习通知，学生可以在学习通手机端收到预习信息 ②引出案例 ③带出任务：认识“一带一路”倡议	问题引导 教师提问 师生互动 动画演示 情景模拟	模拟案例，激发学生兴趣
	解决难点：“一带一路”倡议的概念和由来	①利用视频，带领学生穿越到古代丝绸之路，讲解古丝绸之路的历史故事及和“一带一路”倡议的关系 ②视频展示古代陆上和海上丝绸之路 ③视频穿越回现代 ④利用图片和视频讲解现在的“一带一路”倡议	视频教学 动画教学 教师讲解	通过视频穿越古今，让学生了解“一带一路”倡议的前世今生，增强学生的民族自信心和自豪感
	解决难点：认识“一带一路”路线图	①3D视频播放路线图 ②学生分组PK，利用谷歌地球软件绘制大致路线	视频演示 师生互动 分组竞赛 软件教学 教师讲解	通过分组绘制路线图，达到认知“一带一路”路线图的目的，化解难点
	趣味歌曲视频，强化记忆		视频教学 动画教学 教师讲解	强化记忆
	课堂小结：总结本节课所学内容	教师讲解，总结本节课所学内容，对各小组评点	教师讲解 视频教学 归纳法	强化学生记忆，明确课程意义
	作业布置	课后作业	全体讲授	完成学习通章节测试，查询“一带一路”朋友圈

四、结语

海运地理课程教学引入HPS教育中的IHVs教学模式，将科学史融入知识讲解当中，利用交互式历史小故事激发学生的学习兴趣，并给学生以启迪。该模式有利于培养学生的探究意识和能力，加深对科学本质的理解，从而提高学生的科学素养，为地理学科教学提供了新的案例。

参考文献：

[1] 张健,王华,李春密.促进科学本质认识的HPS教学过程构建——以“牛顿第一定律”教学为例[J].物理教师,2021,42(2):12-16.

[2] 黄晓娜,吴先球.国内HPS教育融入中学物理教学的研究综述[J].物理教师,2020,41(7):2-7.

对中等职业学校专业英语教学的思考

盛　斌

摘　要：当前我国大力发展职业教育，并提出“以服务为宗旨，以就业为导向”的职业教育办针。在职业学校专业建设和课程改革中，加大专业课时是改革的主要趋势，，而且随着经济全球化趋势的深入，中等职业学校的教学模式逐渐转变成“英语+专业”，这就要求专业课程教学与专业英语教学能完美对接，力求在教学上达到预期的教学效果。为此，本文通过充分分析专业英语的特点和教学现状及影响中职学生英语学习的主要因素，对如何提升其教学效果进行了思考，并提出了针对中职学生的专业英语教学策略。

关键词：中等职业学校　专业课程　专业英语　教学策略

一、专业英语的定义与特点

专业英语又被称为专门用途英语，英文简称为ESP，是指在培养学生英语能力时将对基础能力的培养向技能应用能力上过渡，其英语内容更贴近学生的从业活动，是我国培养实用性英语人才的重要变革。专业英语教学重在拓展学生的词汇量，并要求学生能够掌握所学专业的英语术语和特殊语法，能够做到熟练使用和翻译。它是以专业知识为载体，培养学生运用英语的能力。它通过大量的专业英语阅读等训练，使学生扩大专业词汇量，提高专业英语的阅读理解能力和翻译能力，把英语作为工具投入专业实际应用。其特点如下：

（1）专业英语的专业性。专业英语的专业性体现在其特殊专业内容和特殊专业词汇，词汇是组成句子的基本元素，对词汇含义不能确定，就很难理解句子内容，甚至得出可笑的、相反的结果。

（2）专业英语的客观性。专业英语文体在很多情况下是对某个科学论题的讨论，介绍某个科技产品或科学技术，为了表示公允性和客观性，在句子结构上采用被动语态，或以第三者的身份介绍文章要点和内容。被动语态反映了专业英语中问题的客观性，除了表述作者自己的看法、观点以外，很少直接采用第一人称表述，但在阅读理解和翻译时，又可以将一个被动语态句子翻译成主动形式，以便强调某个重点，这样更符合汉语的习惯。

（3）专业英语的实义性。在应用领域中，专业英语体现了一种实义性，只要能够说明问题，阐述中心意思，在某些特殊问题结构上用词节省，句子紧凑精炼，采用实义词汇而不拘泥于完整语法。常采用不定式短语、分词短语、介词短语动名词短语等，力图用最少的语言表达尽可能多的意思。它们通常出现在专业广告、索引、简介、产品手册等多种文体中，对它们的理解是基于关键字和实义词汇。

二、专业英语与通用英语的区别

（一）侧重点不同

（1）通用英语：作为一种语言，没有明显的使用范围（跟汉语一样）。

（2）专业英语：顾名思义，与专业有很强的关联，具体表现就是，词汇具有很强的专业性（即该领域常使用的词或多含义的单词主要使用其与该专业相关的意思），表达方式具有这一专业的特色，是语言在某专业的规范。

（二）范围不同

（1）通用英语是泛指一门语言，按不同分类可分为口语、书面语，或者一般生活英语、专业英语等。

（2）专业英语指某一行业或领域的英语，如法律英语、机械英语等，偏重于工具性，主要体现出了专业性特点，以专职工作和专业学习为面向目标。

（三）对象不同

（1）通用英语面向的对象非常广泛，所有人都可以学英语，对英语掌握程度也没有要求，比如中小学生、商场销售等。

（2）专业英语面向专业性比较强的人，或者使用某个领域专用英语的人，比如专门从事航海、旅游等工作的人员。

（四）英语教学不同

（1）通用英语是不具备专业指向性的，是英语的基础部分，所以学生要想在英语方面有所成就，就必须先达到熟练使用通用英语的水平。如果不具备该水平，直接步入专用英语学习，不可能取得理想的效果。

（2）专业英语主要包括专门学术英语、通用学术英语和行业英语。通用英语起到向专业英教学过渡的纽带作用，能使英语教学达到预期期效果。这个环节是不容忽视的。因此，在英语教学中我们要将通用英语与专业英语有效结合、有序展开，先进行通用英语教学，然后步入专业英语教学，这样能够增强学生英语的实务水平和日常交际能力。

三、中等职业学校专业英语的教学现状

目前高等教育开设专业英语课程非常普遍，而中等职业学校是否开设专业英语则根据各个学校的专业而定，中职校专业英语的选材内容和深度要稍微浅一些。但是对于中职学生来说，学好专业英语的障碍很多，主要有：

（1）专业词汇长度较长、生僻，很多学生不愿意花费工夫去记忆单词。

（2）有的专业英语句子偏长，语法结构复杂，使用大量复合句，学生理解句意存在一定的难度。

（3）中职学生相关专业知识不牢固，不能将已有的专业知识快速地迁移到用英语表达的段落上。

（4）一般专业英语教学内容注重专业性，缺少感情色彩，容易引起学生的倦怠感；某些专业英语专业性太强，不适应中职学生英语基础薄弱的现状；有的实际上是高职教材，学生学习起来既吃力又难以掌握，慢慢形成沉重的学习压力，对英语学习丧失信心。

（5）由于中等职业学校英语师资队伍建设不完善，专业英语教学发展还处于初步尝试阶段，因此只有通过不断开设专业英语课程，才能实现培养实用型人才的目的。

四、中职学生专业英语的教学策略

（1）帮助学生树立职业信心，端正专业英语学习态度。随着国家经济快速发展和国际化程度不断提升，各行各业在发展中必然要树立国际意识，积极地“走出去”学习、“请进来”人才和技术，不断提升竞争实力。中职学生在学习职业技能的同时，坚持学习英语，特别是专业英语，必然能拓宽个人发展空间，提升个人综合素养，坚信在未来的职业生涯中，英语必然有其用武之地。

（2）针对专业英语特点，突出三方面教学。有针对性的教学是促进教学效果的关键，针对专业英语的语言特点，有必要在降低难度的基础上，抓住专业英语关键特点组织教学。从词汇、句法和语篇三个方面加强练习，词汇方面突出构词教学，句法方面突出被动语态，语篇方面突出词汇衔接、逻辑衔接和语篇结构。在使用教材的基础上，教师应充分借助多媒体资源丰富和灵活教学的特点，积累大量的专业英语篇章，通过大量的阅读、分析和训练，使学生理解并熟练掌握专业英语特点。

（3）尝试分层教学，指导不同基础的学生提高语言能力。教师要树立学生总是希望自己能学有所成的思想，转变观念，尝试分层教学，帮助学生在其现有基础上逐步增加知识量、改进学习方法。对于没有基础或已经完全放弃英语学习的学生，可以引入经典文学作品、经典影片、传世诗歌和时尚外文歌曲进行分析、讲解、欣赏，唤醒学生对情景语言的领悟，在此基础上结合专业英语，对他们进行英语基础知识的教学;对于有一定基础、学习动力不强的学生，可以用疯狂英语创始人李阳、逆向英语创始人钟道隆等当代典型人物的成长经历和语言学习的毅力激发学生语言学习热情;对于基础较好、英语学习求知欲较高的学生，可以设定较高目标，结合专业多引入课外专业英语材料指导学生，为行业服务，从而增强学生英语实际应用能力和自我成就感。

（4）选择与学生英语水平相适应的教材，使学生学习起来既轻松又有兴趣，能帮助学生加强其英语基础，收到好的效果。再者，对实用性强并与专业相关的教材学生会更感兴趣，学完之后既有收获感又会增强学习英语的信心。专业英语强调专业用语，针对这样的情况，在选教材方面，我们首先应注意语言的交际功能。作为专业英语，中职专业英语教材应该在考虑其专业特色的基础上，突出其岗位特点。此外，专业英语教材在选材及体例上应突出交际性原则，其设计应有利于在课堂上开展交互活动。

（5）英语教师应掌握专业领域的基本知识。专业英语反映的是日新月异的技术领域的发展与创新，英语教师不再是单纯的语言传授者，而是通过语言来服务专业建设的衔接者。因此，英语教师必须了解并掌握专业领域的基本知识。只有这样，教师才能更加准确地理解和把握专业英语教材内涵，才能较好地解决专业英语表现形式和不同语言思维习惯间的矛盾，才能在教学实践中指导学生掌握正确的学习方法，从而达到预期的教学效果。

（6）教师要不断从教学实践中找到兴趣点，洞察中职学生就业市场的需求，提高专用英语的实效性；还要定期开展通用英语教师和专业英语教师之间的交流和教研活动，通过一系列活动，互相学习、互相分享、共同提高。

（7）要加强学校与企业的合作，组织教师与相关专家进行学习交流活动，鼓励英语教师在港航、物流、旅游、商务等专门领域开展研究，努力把英语教师打造成符合实践性教学和技能性教学要求的“双师型”教师。

（8）中职英语教学有其特殊的培养目标，突出培养实用型专门人才。在中职英语教学的课堂设计中，首先应充分体现出它的专业性、实用性和交际性。应根据专业特色设计出不同的教学布局，让学生在这样特定的情景中学习专业英语，有助于培养学生的专业意识，从而更加热爱所学的专业。其次要体现实用性原则，在教学中学生是主体，学生要学以致用，能在用中学的才是“活”的语言。如不定期带领学生到相关的岗位去实践，让学生在真实的场景中使用所学的语言，培养学生独立解决问题、灵活运用语言的能力，还要培养学生运用英语进行交际的能力。因为交际能力是学生步入职业生涯后最重要的能力之一。

五、专业英语教学小技巧

经过多年中职专业英语教学实践，笔者总结了一些有效的专业英语教学小技巧，可以简单地概括为以下四点：扩展法、趣味化、抓重点、破难点。

（一）扩展法

英语教师在结合专业进行词汇扩展时，要尽可能地将词汇与学生所学专业内容挂钩。如港口理货英语课程里cargo一词，该词是港口航运专业学生经常接触的词语，可以让学生尽可能地发挥想象力，结合专业知识进行应用，如联想到general cargo（件杂货）、bagged cargo（袋装货）等专业词语。通过基础词汇对接的方式，学生能够将英语与专业内容联系起来，主动地在专业学习中应用英语进行表达。

（二）趣味化

中职学生是一群处于青春期的孩子，虽然在初中阶段没有打好英语基础，很大一部分学生缺乏学习兴趣，但他们好奇心很强，接受新事物比较快，因此在教学过程中要注重教学内容和教学方法的趣味性。教学中可以将专业英语和实际工作过程紧密结合，以任务驱动学生的学习积极性，如将货物的各类包装与英语配对、学习正确发音且发音时适当加入谐音。学生边笑边记住了专业词汇，让他们以极大的热情投入到学习中的效果非常好。

（三）抓重点

（1）引导学生掌握构词法。一般专业词汇主要是通过词义转移和引申、词类的转换、词语的符合和缩略、词语的裁剪和拼合与词缀构词形成体系的。有的是从普通词汇转成专业词汇，如tally计数→理货;有的通过添加前后缀由一个单词变为好多单词，如加上前缀im-，可以有improper等更多的单词。让学生逐步了解专业英语词汇的构成方法，如派生法（Derivation）、复合法（Composition）、转化法（Conversion）、拼缀法（Blending)、缩略法（Shorting）等，有助于学生大量记忆专业词汇。

（2）引导学生大量泛读。学习专业英语的最终目的是能够理解相关的专业英语表达，特别是初级阶段的学习，更多强调的是阅读和翻译能力，注重词汇的含义，对语句的理解要有整体观念。

（四）破难点

最大的难点是中职学生对于专业英语语法的困惑。专业英语注重客观事实和真理，逻辑性强，条理规范，表达准确、精炼、正式。专业英语具有以下特点：客观性，常用被动语态和一般现在时;准确性，多用长句、复合句；精练性，句式多为长句、复合句，广泛使用非限定动词、名词化从句、词组及其简化形式。

（1）将长句写出来突出显示，让学生把长句翻译成几个短句来理解。

（2）用形象化的比喻来化解长句。中职英语中常见的是定语从句和状语从句。定语从句中，把主句比作主人，把从句比作丫鬟。状语从句讲究很多，要分时间地点原因等，充分发挥学生的想象力，可以给这些状语起名字，以增加专业性文章的形象性。

经济、社会、科技的发展对劳动者的素质、能力、知识结构都提出了更新更高的要求。中职专业英语的教学研究还处于探索阶段，作为专业英语教学既要遵循教的规律，又要重视学的规律。我们要在不断加强提高自身素质的同时，探求多种多样的教学模式和方法，根据其特点进行有针对性的有效教学，启发学生思维，开阔他们的视野，促进他们全面素质的不断提高，为我国的职业教育能培养出又好又多的现代化建设人才而努力。

参考文献：

[1] HUTCHINSON T, WATERS A. English for Specific Purposes [M]. London: Cambridge University Press,1987.

[2] 刘振山.专业英语内涵与教学策略研究[J].科教文汇(中旬刊),2010(3):114–118.

新形势下英语学习的反思

谢伟英

摘　要：随着高科技领域的不断创新，英语学习面临前所未有的机遇和挑战。针对新形势的变化，教育界一直思考着对英语学科进行重新定位和变革。笔者从当前社会背景出发，强调了英语作为交流工具的重要性，提出了英语学习的宗旨是发挥语言的实用性，分别从语言交流、阅读和写作等方面探讨了如何进行英语学习能力的培养。

关键词：语言交际　分层结构阅读　知识积累　串联与整合

引　言

众所周知，英语作为世界上传播面最广的语言是许多跨国公司优先选用的语言，也是医学、电子及航空技术领域的通用语言。目前世界上80%以上的科技论文是首先用英语发表的，而半数以上的科技期刊用的也是英语。可以说到目前为止，英语仍是世界上应用最广泛的国际性语言，其影响力未见削弱。

一、背景

随着英语在世界文化、经济、科技等方面的地位日渐提升，英语学习在中国也经历着一系列的变革。从2017年上海英语高考实行两考到2023年全国英语高考改革方案提出的口笔试分离、口试两考，使得我们不得不对英语学科的学习重新进行审视与定位，即深刻理解语言学习强调的是语言的实用性和灵活性，要体现语言的交际功能和文化交流作用，侧重学习者对语言的应用能力。

二、语言学习新任务

针对新形势的变化，语言学习也需要做到有的放矢，适应需求。为达到这一目标，学习者可以从以下方面考虑。

（一）加强语言交流，充分发挥语言交际功能

在当今高科技手段的辅助下，学习方式也呈现出多样化，特别是互联网给学习者带来了极大的便利，我们要学会充分利用这一资源。例如目前在网上有许多英语学习短视频和学习课程。以网上口语教学为例，外教可以根据每个学生的水平、情况为其选择适合的教材和教学方法，学生也可以同英语母语国家的老师进行面对面交流。再比如目前我国很多大学已经开设了外教课程，课程结束后外教会上传上课视频和课堂报告来供学生反复练听说和复习课程内容。近几年各学校与国外学校建立的交流合作项目也在不断增加，游学项目已遍及教育各阶段，语言交流的屏障在不断被打破，这就为我们提供了语言学习交流的途径。

（二）从广度和深度上加强阅读与写作

如同前述，语言学习的趋势是越来越重视其功能性和任务性。为了与国际接轨，阅读上我们要接触各类学习资料，特别是原版文章，如英文版的《时代周刊》《读者文摘》《新科学家》等都是很好的阅读资料。而阅读的第一步是词汇积累和长难句理解，特别是长难句理解往往需要一定的阅读技巧。从英语句子的树形结构特点出发，长难句理解最好采用分层结构阅读法，也就是看一个句子，要学会找主干、逻辑关系词、搭配等。例如：

①With regard to this last question, we might note in passing that Thompson, ②while rightly restoring laboring people to the stage of eighteen-century English history, has probably exaggerated the opposition of these people to the inroads of capitalist consumerism ①in general: ③for example, laboring people in eighteen century England readily shifted from home-brewed beer to standardized beer produced by huge, heavily capitalized urban breweries.

译文：关于这个最后的问题，我们可以顺便指出,Thompson 尽管正确地使劳动人民重返18世纪英国的历史舞台，但是他可能夸大了这些人对于资本主义消费观在普遍意义上的敌对态度。比如说，18世纪英国的劳动人民就很容易从饮用家酿的啤酒转而饮用由大型资本密集的城市酿酒厂生产的标准啤酒。

此句中，真正的中心内容为画线部分，即Thompson夸大了劳动人民对资本主义消费观的敌对态度。其余的①部分为状语，②部分为插入成分，③部分为举例，属于细节，不影响对主句的理解。此外，一些特殊的用法，如倒装、插入及反映不同逻辑的关系词等都是我们需要关注的地方。另外，职业领域的英语更注重实际操作能力和专业知识。如果是学习专业英语则需要增加对专业术语及专业英语惯用表达法的掌握。以外贸英语为例：

Payment will be by confirmed, irrevocable letter of credit with draft at sight instead of direct payment at sight.

译文：付款方式为见票即付的，保兑的，不可撤销的信用证方式而非见票即付方式。

合同中更是会出现标准化的文本以体现其严谨性，如：

The sellers shall not hold any responsibility for partial or total non-performance of this contract due to Force Majeure. But the sellers advise the buyers on time of such occurrence.

译文：如因人力不可抗拒的原因造成本合同全部或部分不能履约，卖方概不负责，但卖方应将上述发生的情况及时通知买方。

无论哪一类的句子，都要基于原文进行分析理解，脱离原文单纯分析句子是徒劳无益的。因此，阅读时我们不光要从内容还要从文章结构、篇章、文体、写作目的等多维度整体地进行思考和探索。

英语阅读考察的是学习者的分析思考能力，写作则是一个输出过程。它要求学习者首先具备一定的知识储备，并能进行下一步的整合与创造，最终转化为自己的知识。学习者可从以下3个方面进行摸索。

1.模板知识积累

以四、六级考试最常见的议论文为例，句子模板有：

（1）指出现象或争议话题。

Ever since..., there have been ongoing disputes over...

With the increasing concerns about..., people are calling for...

（2）引出各方观点。

There exists a philosophy that...

While many advocate..., I believe it’s a better idea to...

（3）表示赞同。

It is apparent that it is a more sensible choice to...

...should be encouraged, because it is a rewarding journey, promised with...

It is fair to say that ... is a plausible and advisable option for...

（4）阐述原因。

One of the chief causes of... is the fact that ...

The upsurge of ... is resulted from two-fold factors ——...

（5）引用名人名言。

As ... rightly/ aptly put it, “...”

As is mentioned by ..., “...”.

（6）举例说明。

The recent incident happened in ... proves ...

According to figures/statistics /the findings/data released by an institute, ...

（7）作出总结。

It is hence not difficult to see that .../It therefore can be said that ...

From what have been discussed above, it can be concluded that ...

（8）提出建议或发出号召或警示。

In my opinion, there are three aspects to be improved so that...

It would be better if...

The situation, if unchecked, will lead to ...

If not dealt with properly, ...

（9）同时可与实文进行对照，例如：

①With the development of the Internet, cybercrime has become a serious problem that we have to focus on. We can see that cyber criminals are almost everywhere on the Internet, which result in destroying network security greatly and making computer users suffer great loss.

However, we shouldn't tolerate these cyber criminals any more. ②It's high time for us to take effective measures to fight against cybercrime. Firstly,... Moreover, ...Besides, ...

③As college students, we have responsibility to participate in the battle against cybercrime. For one thing...for another....Generally speaking, we should take common efforts to defeat cybercrime.

文中画线部分分别是指明现象、提出建议和发出号召的句式。

另外还需要注意表示各种逻辑关系的逻辑词，如表因果关系的逻辑词lead to、give rise to、originate from、be attributive to；表比较逻辑关系的逻辑词exception、differ、distinct contrast、opposite；又如表变化逻辑关系的逻辑词enhance、promote、accelerate等。

2.理解英语的四种文体：描写类、记叙类、说明类和议论类

英语文体主要分为描写、记叙、说明和议论四类，文章里往往可以组合使用。描写是指用生动、形象的语言将人物、事物、景物的特征和性质等进行灵活生动的描绘，包括人物描写、景物描写和场面描写。记叙则是以记人叙事为主要内容的一种文体，是叙述人们的经历或事物发展变化过程的一种表现方式。我们写文章时常常会将叙述与描写进行结合，如写人为主的记叙文会涉及人物外貌、语言、行为、心理的描写；写物为主的记叙文会有一个描写顺序，围绕中心事件，从开端、发展、高潮到结局。美国短篇小说家欧·亨利的《最后一片叶子》，就是一个典型例子。说明文可分为具体事物说明和抽象概念说明，前者解释说明某样物体，介绍科技知识或使用方法等，后者介绍某种科学观念或科学原理与方法。说明文的结构一般比较固定，分三部分：第一部分提出主题，第二部分对主题展开说明，第三部分对文章主题进行归纳总结。议论文主要是对某个问题或某件事进行分析、评论，表明作者的观点、立场、态度、看法、主张的文体。议论文的三要素为论点、论据和论证，要做到论点鲜明正确，论据充分典型，论证合理，合乎逻辑。

3.学会英语知识串联与整合，进行头脑风暴

写作的整个过程可以分为摄取、构思、表达、修改四个阶段。摄取是分析题目，调动知识储备的一个过程。构思则是将材料进行整理和再加工，这一过程能反映出作者的主观能动性和创造力，它是一个知识进行串联或头脑风暴的过程。表达则是通过遣词造句将材料进行实物化。最后是分析修改部分，即去除细枝末节。写作归根结底还是一个不断积累、练习与修改的过程。

三、结论与展望

世界在不断进步， 2022年美国公司OpenAI开发了ChatGPT (Chat Generative Pretrained Transformer)，它标志着人类在利用机器进行文本处理和翻译方面前

进了一大步，在全世界范围引起了关注。尽管机器在创造力方面是无法与人类媲美的，但人工智能的发展给我们的语言学习创造机遇的同时势必也会带来一些挑战，所以我们语言学习毫无疑问也要适应时代变化，在追根溯源的同时做到与时俱进。

参考文献：

[1] 维C上校. 12天突破GRE阅读［M］.北京:中国人民大学出版社,2018.

[2] 李晶鸥,王玫.大学英语六级考试写作120篇［M］.北京:世界图书出版公司,2016.

超星学习通平台线上考试应用探究

包唯元

摘　要：在当前全球重大公共卫生事件形势下，绝大部分学校均采取“停课不停学”的教学方针，而随着考试季的到来，线上考试成为学校的首要选项。本文通过对超星学习通进行线上考试的实际应用反馈，分析了线上考试的优势、总体设计思路及实施案例、线上系统的不足，探索了借助信息化平台和工具开展线上考试的可行性，为新时代教学模式改革、教师数字素养培育提供参考。

关键词：超星学习通　线上考试　信息化　教师数字素养

一、线上考试研究

（一）超星学习通平台介绍

超星学习通是北京世纪超星信息技术发展有限责任公司研发的一款在线交互学习平台，通过“资源+工具+服务”模式，解决高校的在线教育需求。目前，超星学习通平台搭建了多媒体资料授课、学生考勤管理、活动表现（课中答题、课后作业）、线上考试、班级管理和教师团队管理等多个模块，覆盖了传统课堂的基本需求。本文重点对其中的考试模块的应用进行探析。

（二）超星学习通线上考试的优势

自2020年新冠疫情在全国蔓延以来，各行各业均受到了极大的影响，上海亦启动了多次线上授课的应急预案。在此期间，在线教育软件的技术有了突飞猛进的发展，功能也日趋完善，为开展线上考试提供了现实可能。另外，目前在校的中职生都是“00后”，非常熟悉手机、电脑等数码产品，也善于利用网络，所以对他们而言，开展线上教学、线上考试技术难度不大，是完全可行的。

1.平台提供多种接入渠道，具备稳定性与便利性

超星学习通提供了四种接入渠道，教师和学生可选择在电脑上安装PC端软件、网页模式接入、手机App、平板App任一渠道，而且四种渠道的模块配置一致，避免了“小屏幕、功能少”的弊端。同时，超星学习通对于硬件资源需求不高，在期末考试周运行期间，PC端和手持设备端的系统运行流畅，体现了较好的稳定性与便利性。

2. 自动生成试卷，减轻任课教师、教务工作量

超星学习通自动识别教师上传的Word试卷内容，匹配相应题型和试题答案，自动排版并生成最终试卷。考试后，对于客观题系统自动阅卷和批分。任课老师除批改主观题外，也可对客观题的批改进行灵活调整。

和传统考试要经过一系列的步骤相比，线上考试减少但不限于试卷排版、印刷试卷、组织考试、评阅、试卷回收等大量环节，大大减少教师工作量，提高了工作效率。

3. 做好考试留痕，并有效降低碳排放

线上考试期间，以“无纸化办公”代替传统教育所需的大量纸质考卷，规避了考试期间最为凸显的纸张使用过量的问题。同时数字试卷可实现低成本存档，避免了传统试卷既要入档又要定期销毁的麻烦。线上考试不仅满足了考试留痕的教学要求，而且节约资源，践行绿色低碳发展，为降低碳排放强度作出了有效贡献。

4.有利于教师发展信息化技能，培养数字素养

教育部发布的教师数字素养文件给出了教师数字素养框架，规定了数字化意识、数字技术知识与技能、数字化应用、数字社会责任、专业发展五个维

度。其中数字化应用明确指出，教师应具有用数字技术资源开展教育教学活动的能力，包括数字化教学设计、数字化教学实施、数字化学业评价，以及数字化协同育人。

使用超星学习通进行考试，应用数字技术资源开展学生学业评价的能力，是数字化学业评价的落地。教师通过选择和运用评价数据采集工具，应用数据分析模型进行学业数据分析，以及实现学业数据可视化与解释，提升教师的信息化操作技能，潜移默化中培养了数字技术优化、创新和变革教育教学活动的意识、能力和责任。

二、线上考试实施案例

传统线下考试方案成熟，其关键环节为：期末试卷出题、试卷印刷与保管、考卷分发、考试秩序监督、考卷收集、试卷批阅登分、试卷归档。

为了保证教学体系的一致性，在线考试的总体设计思路参考线下考试，并结合线上考试的特点，形成总体方案。如图1所示，线上考试方案从三方面展开：考前准备、考中秩序监督和考后试卷处理。

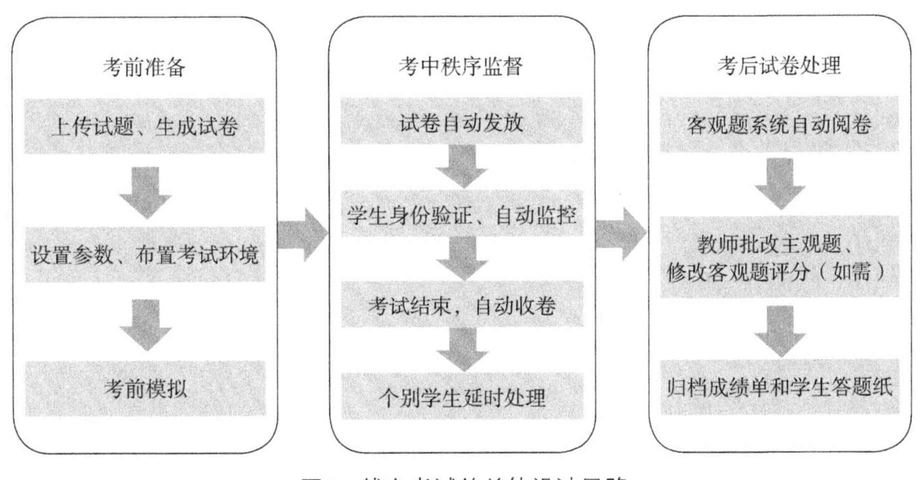

图1　线上考试的总体设计思路

（一）考试前——教师上传试题、创建线上考试考卷

教师可在超星学习通平台直接在线创建试卷，也可使用“智能导入”，将本地试卷上传到试卷库，检查题干、选项、答案是否一致，并对识别错误的试题进行手动修改（见图2、图3）。

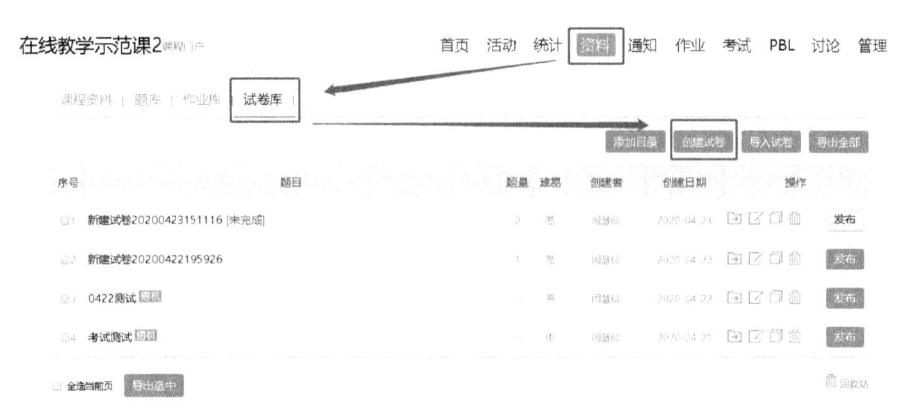

图2　创建线上考试试卷

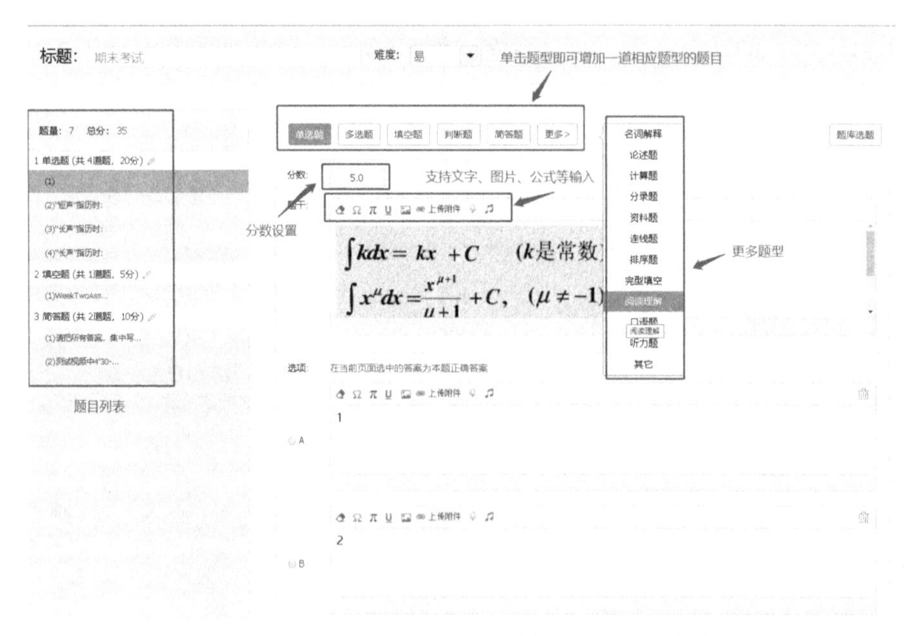

图3　更正考试试题、选项、答案，撰写试题解答

答案解析

上传附件

难度: --请选择--

知识点: --请选择--

续图3　更正考试试题、选项、答案，撰写试题解答

（二）考试前——设置考试参数，布置考试环境

完成试题准备后，教师进入考试设置环节，定义考试起止时间、设置客观题防作弊、设置监考模式、设置考试提交等内容，此外还要进行个性化设置（见图4）。

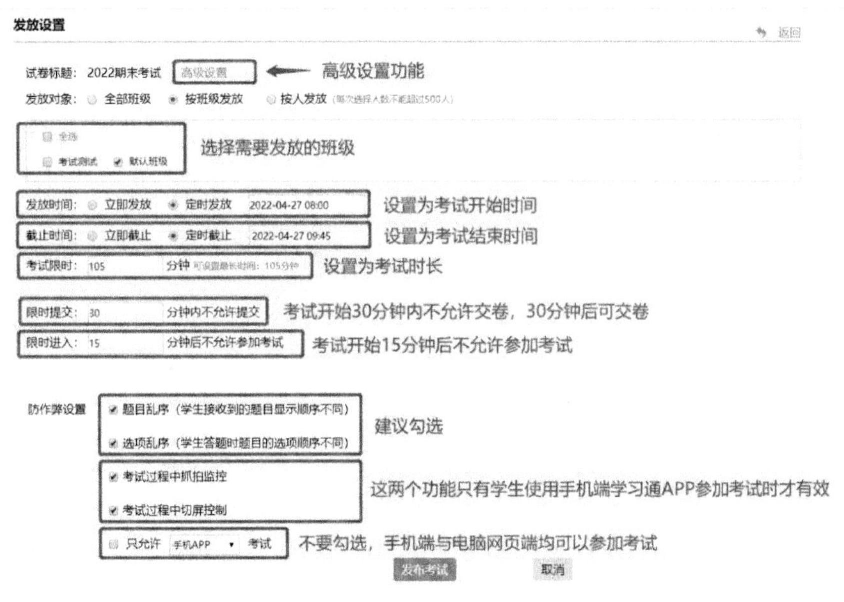

图4　设置考试参数，布置考试环境

（三）考试中——自动发放试卷，后台监控学生考试情况

学生登录超星学习通，到达考试开始时间后，系统会自动向学生发放试卷，并强制开启学生摄像头，根据“人脸对比”“有无切屏”“前后摄像头随机抓拍”，进行多维度监考，并通过AI智能识别学生的异常情况，提醒任课老师，如图5所示。

图5　查看学生考试情况

（四）考试后——考试结束自动回收试卷，个别学生做延时处理

当考试结束，超星学习通会终止试卷的显示，并自动保存、提交试卷。如某位学生因特殊情况，需要延长考试，教师可针对该名学生延长部分时间，如图6所示。

图6　对特定学生进行“延时”处理

（五）考试后——半自动阅卷并批量存档

系统会根据任课教师事先设置的客观题答案进行自动批改并计算得分。另外，考虑到系统识别是相对机械和刻板的，为防止发生错批的情况，任课老师应首先检查系统的批改是否正确，如有错误，可手动修改。然后，教师对每道主观题进行打分，最终导出成绩单和批改后的试卷，交给教务科存档，如图7和图8所示。

图7　线上考试教师阅卷

图8　导出成绩和学生答题纸（考试附件）

三、超星学习通线上考试系统的不足

（一）“智能识别”效果不佳

根据教师的反馈，系统对于大段落的文字题识别度低，题干、选项、答案无法对应，试题上传至系统后还需要人工修改。经了解，如果要解决这个问题，上传的Word格式试卷必须使用官方提供的模板（见图9）。从模板结构看，和常规考试时的排版差异较大，实际使用极不方便。

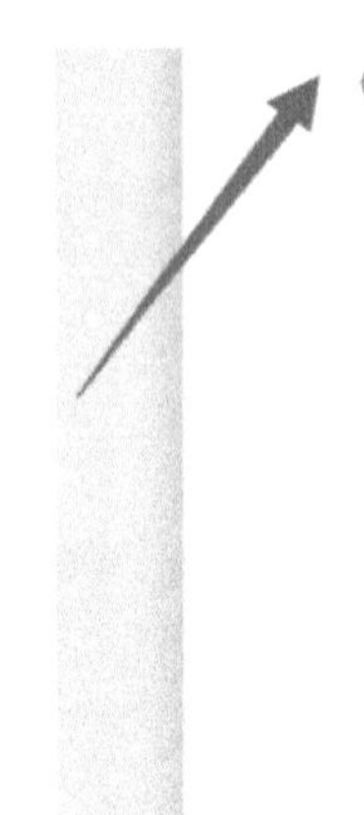

③按照模板整理试卷内容

试题类型	单选题
题目	测试导入单选题 1
分值	15
难易度	难
正确答案	A
A	选择 1
B	选择 2
C	选择 3
D	选择 4
答案解析	解析内容

试题类型	单选题
题目	测试导入单选题 2
分值	15
难易度	难
正确答案	B
A	选择 1
B	选择 2
C	选择 3
D	选择 4
答案解析	解析内容

图9　线上试卷的导入模板

（二）无法录入特殊字符，需增设专业字符数据库

超星学习通缺少对专业字符的数据库支持，导致当数学、机电等课程涉及一些专业字符和计量单位时常常无法录入，只能改为将整道题以图片方式上传。希望未来超星学习通能做补充。

（三）缺少引导视频和帮助系统

在实际使用过程中，教师反馈有些功能表达不清，引发歧义，并且有些功能被设置在二级、三级菜单里，较难寻找。而在线教育平台没有配备“新手引导视频”和“在线客服帮助”，导致教师遇到问题无法及时解决。

（四）线上教学系统与教务管理平台相孤立

目前线上教学系统（含考试）和教务管理平台都是孤立的系统，虽然线上阅卷的工作量减轻，但成绩无法自动对接教务平台，需要教师手动录入教务管理平台。未来若能构建在线教育一体化生态系统，将会实现线上教育与教务平台的内在互通。

四、进一步思考

（一）发挥在线考试平台的优势，帮助学生温故知新

超星学习通对每一题设置了“答案解析”，学生可以在考试后，参照任课老师提供的解析，复习错题，拾遗补阙。这个是线上考试平台的功能优势，未来可作为课堂教学的补充，让学生对每次练习都做到温故知新。

（二）补充相应教学管理制度以适应常态化运行

线上考试作为新生事物，常会遇到一些和线下考试截然不同的突发状况，比如学生因网络原因无法联入考试系统时，是判定缺考还是缓考……这些都对教务管理提出了挑战。如果未来线上考试常态化运行，就需要针对线上考试的特性，补充相应的教务管理条例，做到“有制度可依”。

五、结语

开展线上考试既是受疫情影响的“形势所迫”，也是为学校的教学改革与发展提供了新的契机。通过这几年线上教育教学的运行，学校积累了一定的经

验，在“互联网+”教育背景下，未来可以继续发挥线上教学、考试平台的优势，让数字化教学不止步于疫情。

参考文献：

［1］曾祥锋,龙迎春,韩竺秦.基于学习通和钉钉的线上考试方案探讨[J]. 科技视界,2020(30):72−74.

［2］唐荣君.基于优幕网互动学习平台的高职课程线上考试研究——以“大数据导论”课程期末考试为例[J].贵州广播电视大学学报,2021(3):27−35.

机电一体化专业“岗课证赛”四维融合教学实践探讨

宗爱芹

摘　要：机电一体化专业“教学标准”规定该专业学生毕业时必考“电工中级”职业资格证书。根据电工中级考核要求，“以岗定课”，在课程教学中“课证融合”。“机”与“电”课程体系的高度融合，参加“机电一体化”项目竞赛，“课赛融合”。本文探讨基于工作岗位的课证模式，基于工作过程的课赛模式，多维度地提高学生专业理论知识和实践技能的途径。

关键词：以岗定课　课证融合　课赛融合　职业资格证书

引　言

专业教学标准是政府规范职业学校专业建设和专业教学的纲领性文件。2021年10月，上海市教育委员会公布了《上海市中高职贯通教育机电一体化技术专业教学标准》（以下简称《教学标准》），列出了机电一体化毕业生从事的职业领域及工作岗位，并明确规定了电工中级证书为必考证书。

一、以岗定课

根据《教学标准》提供的职业领域，对机电一体化专业涵盖的岗位群所从事的任务和职业能力进行分析，了解到机电一体化专业设定的机电设备生产制造与管理的操作岗、安装调试岗、维护管理岗等。在公共课程和专业大类课程上，既要考虑机电一体化专业的普识性，即宽口径教学，又要考虑学校的专业特色，学校组织机电专业教学指导委员会共同研讨制定专业人才培养方案，以确保课程标准与职业岗位技能标准相对接，构建岗位导向的课程体系，以岗位来评价课程，以课程来适应岗位。

二、课证融合

（一）课程设置

《教学标准》中规定机电一体化专业职业资格证书为电工中级（四级）。电工职业等级标准由龙头优质企业沪东中华造船集团有限公司牵头，联合行业、企业、院校等相关各方参与，借鉴国际国内先进标准，对接科技发展趋势、市场需求，衔接专业教学标准，反映行业、企业最新技术技能发展水平，体现产业发展新技术、新工艺、新规范、新要求。电工中级考核内容涉及电工基础知识、电子技术、电气自动控制技术、PLC应用技术等。在机电一体化专业中设置了与取得这些证书所对应的课程，分别为“电路分析与应用”“电子电路装接调试”“电气系统安装与调试”和“可编程控制系统构建与运行”。

（二）教材选用

各科教材选用时，尽量选用“规划教材”和“面向21世纪课程教材”“各级优秀教材”，以保证教材的先进性和前瞻性，其内容能够代表本课程的最新发展。选用由人力资源和社会保障部教材办公室依据《国家职业标准——维修电工》和上海维修电工（四级）职业技能鉴定细目组织编写的《职业技术·职业资格培训教材：维修电工（4级）》为辅助教材。该教材根据电工职业的工作特点，以能力培养为根本出发点，采用模块化的编写方式，主要内容有电工基础、电子技术与测量、电机与拖动、电气控制技术、可编程控制器与传感器应用技术等，强化培养操作技能和电工中级实用技术。规划教材与辅助教材相结合，既利于学生学习系统的理论知识，打好基础，在进入高职阶段后可以继续参加电工高级工的考证，又保证了课程的内容与职业考证的要求相符。

（三）教学方法

《教学标准》规定公共基础课程设置要严格执行教育部有关规定开齐开足，考虑到学生的文化课基础和中高职阶段文化课的衔接，机电一体化专业加开了数学和英语课。因此，在课时总量限制的情况下，进一步提高专业教学效率势在必行。

课堂教学采用理实一体化的学习模式，坚持“做中学、做中教”。以电工中级工考核的实际项目为载体，每个项目以实践操作为目的，采取“任务驱动”的教学方式，结合“维修电工仿真软件”“电工技能与实训仿真教学系统”“电气仿真软件”等现代化教学手段，把理论知识、操作技能、职业素养等结合在一起，激发学生的学习兴趣，提高教学效果。

（四）课程安排

课程安排要符合学生的认知规律，遵循循序渐进的原则。先学电路的基本知识，即电路的组成、电路的基本定律、电与磁的关系等，然后再学电子技术、电机拖动与控制技术，最后才学PLC编程。一般专业课程从第三学期开始安排，具体安排是第三学期学习“电路分析与应用”，第四学期学习“电子电路装接调试”“电气系统安装与调试”，第五学期学习“可编程控制系统构建与运行”。电工报考条件规定在校学生毕业学年才能参加考证，于是第五学期参加考证时间比较充裕。

根据《教学标准》规定，在确保学生实习总量的前提下“可根据实际需要”集中或分阶段安排实习时间。于是针对电工考证的四门课程，都安排一周集中实训，训练内容包括电工初级和电工中级的实操题，即第三学期集中实训一周“电工技术”，第四学期集中实训一周“电子技术”、一周“电气控制技术”，第五学期集中实训一周“PLC编程”。由于四门课程拉的战线太长，知识遗忘很正常，于是在考证前再安排三周集中实训，目的是提高考证合格率。

（五）评价方法

学生的成绩评定以过程评价和结果评价相结合，多元评定学生的成绩及素质。

1.过程评价

在学习过程中，不仅关注学生对知识的理解、技能的掌握和能力的提高，还要重视规范操作、安全文明生产等职业素质的形成，以及节约能源、节省原材料与爱护工具设备、保护环境等意识与观念的树立。

2.结果评价

任务完成后，教师根据“国家职业资格鉴定操作技能——项目评分细则表”进行打分，将考工评分标准引入平时训练中，细化平时训练的评价方法，让学生早适应，通过项目的完成使学生具备参加维修电工中级工考核的能力。

3.综合成绩

考核与评价要坚持结果评价和过程评价相结合，定量评价和定性评价相结合，教师评价和学生自评、互评相结合，使考核与评价有利于激发学生的学习热情，促进学生的发展。

三、课赛融合

机电一体化专业开设“机电一体化设备组装与调试”课程，该课程是电工中级四个模块实际技能的应用与拓展。该课程整合了机械装配、电气控制电路安装、气动系统安装、机电设备安装和程序编写与调试、元件参数设定与调整、机器人技术及系统开发等自动化生产线专业知识与工作过程知识，模拟生产性功能，提供真实的职业情境，设置与真实工作相近的工作与学习任务，让学生在完成工作任务的过程中获得专业知识、技能和工作过程知识。学生在完成项目工作任务的过程中，构建自己的知识体系，形成包括专业能力、方法能力和社会能力在内的综合职业能力。

学生择优参加上海市“星光计划”“机电一体化”项目技能竞赛，甚至是全国职业技能大赛、世界技能大赛。该项目在教学时贯彻“以项目为载体，任务引领，工作过程导向”的职业教育教学理念。技能竞赛培训的教材与课程教材一体化，内容上融会贯通，做到“课赛融合”。

四、结束语

总之，对于机电一体化专业学生来说，电工中级是必考证书，“机电一体化”竞赛是拓展项目，围绕“岗课证赛”四维融合教学实践模式，逐步建立“以岗定课、课证融合、课赛拓展”的人才培养机制，以电工考证项目或技能竞赛项目为载体、“任务驱动”为方式、现代化技术为手段，训练学生的适岗能力，提高技能大赛能力，实现“岗课证赛”的互为融通，有效发挥“以证促学”“以赛促学”“以赛强技”的作用，培养社会需要的技能型实用型人才。

参考文献：

[1] 曾天山.深化“三教”改革,推进“岗课赛证”综合育人[EB/OL].[2023-06-01]. https://study.enaea.edu.cn/courseInfoRedirect.do?action=newCourseInfo&tccId=561332670078488576.

[2] 赵志群.“岗课赛证”融通的课程与教学改革[EB/OL].[2023-06-01]. https://study.enaea.edu.cn/courseInfoRedirect.do?action=newCourseInfo&courseId=293878.

[3] 罗红霞.基于“岗课赛证”融通的“1+X”证书考证培训手册的设计与实践[EB/OL].[2023-06-01]. https://study.enaea.edu.cn/courseInfoRedirect.do?action=newCourseInfo&tccId=563859964711432192.

“1+X”证书制度下中职物流管理类专业人才培养研究

和彦敏

摘　要：为适应新时期经济社会的发展需要，国家提出实施“1+X”证书制度。“1+X”证书制度实现了学历教育和职业教育的融合，是落实立德树人、深化产教融合和校企合作、培养多元化复合型技能技术人才的重要制度改革，也将带动职业院校人才培养模式的变革。本文以物流管理（初级）证书对职业技能的要求为例，从企业调研、课程设置、师资队伍、实践资源、评价体系、学籍管理等方面研究职业院校的应对措施。

关键词：“1+X”证书制度　中等职业教育　物流管理

一、“1+X”证书制度概述

随着我国进入新的发展阶段，产业转型升级和经济结构调整不断加快，各行各业对技术型、技能型人才的需求数量和类型发生了很大的变化，原来遵循“单一操作性技能人才”逻辑框架培养的技能人才已经无法适应经济社会高端化、融合化和智能化发展的新需求，职业教育的重要地位和作用越来越凸显。但是，与发达国家相比，与建设现代化经济体系、建设教育强国的要求相比，我国职业教育还存在着体系建设不够完善、职业技能实训基地建设有待加强、制度标准不够健全、企业参与办学动力不足、有利于技术技能型人才成长的配套政策尚待完善、办学和人才培养质量水平参差不齐等问题[1]，没有职业教育现代化就没有教育现代化。为贯彻全国教育大会精神，进一步办好新时代职业教育，2019年国务院印发《国家职业教育改革实施方案》（简称“职教20条”），明确提出从2019年开始，在职业院校、应用型本科学校启动学历证书加若干职业技能等级证书的制度试点，也就是我们通常所说的“1+X”证书制度试点工作，其中“1”指学历证书，“X”指职业技能等级证书，要求职业院校的学生在毕业取得职业教育学历证书的同时，也需要取得支撑个人专业发展和多样化发展的职业技能等级证书。“1+X”证书制度是国家在职业教育发展的全面部署和顶层设计，标志着我国职业教育改革进入新的阶段。通过借鉴国际国内先进标准，设立符合行业企业岗位要求，对接真实业务流程，体现新技术、新工艺、新规范的职业证书，引导职业院校和应用型本科学校积极开展产教融合的教学改革,在精进学生专业技术技能的同时拓宽学生专业技术技能之外的学习领域，从而提高学生的就业创业能力，缓解企业的高技能人才短缺问题。另外，通过学分银行系统，“1+X”证书制度为学历证书和职业技能等级证书的有机衔接和融合提供平台，促进职业教育的可持续发展。

二、“1+X”证书制度与物流管理的融合

首批试点职业技能等级证书的有5个领域，分别是建筑工程技术、信息与通信技术、物流管理、老年服务与管理、汽车运用与维修技术。依据北京中物联物流采购联合会2019年制定并发布的《物流管理职业技能等级标准》，物流管理证书分为初级、中级和高级，除适用社会上物流行业从业人员报考外，这3个级别证书也分别适用在校的中职生、高职生、本科生及以上学生报考。以物流管理初级证书为例，初级需要考核基础理论、综合应用和实操三部分，分别按40%、30%和30%的加权平均得出学生的最终考核成绩。考试内容不仅涵盖了物流管理领域的理论知识、综合实践能力和物流信息化等先进技术的应用

能力（见表1），还包括职业素养、思想道德、创新创业、办公文书撰写等各方面综合知识的考核。因此，为了匹配新时期物流行业对技能人才的需求，满足“1+X”物流管理证书对人才考核的要求，作为职业教育的主体，各中职院校在物流管理类专业的人才培养上需要采取一系列措施做好书证融通和课证融通。

表1　物流管理职业技能等级要求（初级）[2]

工作领域	工作任务	职业技能要求
物流市场开发与客户管理	市场信息处理	能描述物流客户和市场信息收集的途径和方法，对市场信息进行收集、辨识、整理和分类，按模板编写数据报表
	客户档案管理	能描述客户档案分类的原则、标准和方法，使用信息系统或人工对客户档案进行管理和维护
	项目招投标管理	能说明物流项目招投标的流程，编制物流方案，描述物流项目评标的共同标准
业务流程管理	业务流程管理认知	能描述业务流程分析的步骤、方法和常用工具，说明业务流程设计的要点、工具与方法，对业务流程的执行进行分析、评估和改进
	业务流程图绘制	能使用软件绘制单一职能的业务流程图、跨职能的业务流程图
物流数字化应用	物流数据统计与分析	能举例说明常用的物流数据统计与分析的工具，应用经济订货批量模型计算最优订货批量，应用软件工具进行经济订货批量分析
	物流系统仿真	能描述物流系统仿真的含义与价值，说明物流系统仿真的流程，根据系统仿真的运行结果对物流系统进行分析
仓储与配送管理	仓储作业	能描述各类仓储作业基本流程、货物保管方法、作业安全隐患及相应的处理措施，使用信息系统完成相关单证处理、报表
	仓储技术与设备设施使用	能选择货物堆码技术，进行储位编码和分配，使用并维护相关设备设施
	库存监控与调整	能描述库存管理的目标和要求，对库存进行监控并提出改进建议，了解常用库存控制方法
	配送作业	能描述配送功能定位、配送模式和流程、配送作业安全隐患及处理措施，使用信息系统完成相关单证、报表
	配送技术与设施设备使用	能举例说明常用的配送技术及设备的选择、使用要求和特点，根据货物配载计划完成货物转载作业

续表

工作领域	工作任务	职业技能要求
运输管理	网络货运作业	能描述网络货运的发展历程、业务特点和流程，对主流的网络货运平台的业务模式、盈利模式和平台功能进行分析
	甩挂运输作业	能描述甩挂运输作业特点、要求、作业流程和组织流程、甩挂运输信息平台的平台构架和主要功能
	货运代理作业	能描述各种运输方式的货运代理流程、特点、手续，进行单证交接和费用结算
	运输保险与索赔作业	能办理货物运输投保业务，办理或协助处理索赔或理赔

三、“1+X”证书制度下中职物流管理类专业的人才培养措施

物流管理职业技能证书（初级）对中职物流管理类人才培养提出新的要求，为更好地将“1+X”证书制度融合、嵌入职业教育体系，职业院校需要积极做好人才需求调研，从课程体系构建、师资队伍建设、实训基地建设、人才评价重设、学籍学制管理等方面进行创新改革，促进“1+X”证书制度在职业院校有效实行。

（一）充分调研用人单位的人才需求现状

职业院校需要定期走访与专业相关的行业机构、企事业单位，调查了解企业应用的先进技术、新的业务流程和用工要求，跟踪毕业生的就业发展和创业情况，了解在校学生的学情和知识诉求，并结合国家发展规划和地区产业经济发展需要，确定面向岗位要求和面向行业发展所需要的专业知识范围、技术能力和职业素养，科学全面地制定人才培养目标，修订物流管理类专业人才培养方案并实施。

（二）科学构建课程体系和学时分配

立德树人是职业教育的根本任务，“1+X”证书制度要求中职院校培养学

生的职业道德、行业任职、自我管理和创新创业等职业基本素养，强化学生职业服务意识、环境保护意识和职业安全意识，提升学生创新创业思维和持续学习能力，为学生打下良好的职业基础。另外，“1+X”证书制度还要求强化职业教育的实践属性，需要职业院校在人才培养过程中，围绕企业实际生产活动和岗位要求构建符合经济社会发展需要的专业技能课程体系，结合基础公共课程和核心素养课程，真正实现“以能力为本位、以就业为导向”的人才培养目标，使学生的综合素质和职业能力得到双促进、同提高。此外，还需根据中职物流管理类专业的人才培养方案，合理确定基础公共课程、核心素养课程和专业技能课程的课时分配，并确保理论与实践教学的比例安排符合课证融通要求。

（三）加强师资专业技能培训

职业院校要有计划有步骤地安排专业骨干教师通过“国内外访学、企业实践、业务培训”等方式到国内外高校、知名企业、行业培训基地等进行培训，提高教师的专业素养和技能水平。鼓励教师学习现代化信息技术，积极利用大数据、人工智能、虚拟现实等现代信息技术手段，有效运用启发式、探究式、讨论式、参与式教学方法，创新性地使用翻转课堂、混合式教学、理实一体教学等新型教学模式，打造优质课堂，提高教学的质量和效果。坚持“不唯学历、只唯能力”的原则，通过专兼职的形式，积极引进行业优秀的技术技能型人才从事实践教学，打造一支专兼职有机结合的“双师型”师资队伍。保障“双师型”教师的待遇，在个人职业发展、工作量计算、职称评定、薪资待遇、技术性收入等方面给予政策支持和倾斜，使负责“X”证书课程开发和有关培训的教师有目标、有动力去积极参与“1+X”证书人才培养[3]。

（四）提供课岗对接、课证融合的实践教学基地和资源

“1+X”证书制度实施最终目的是实现课岗对接、课证融合，即专业课程

的课程标准、课程内容和授课方式与企业岗位要求、职业技能等级标准对接。物流管理职业等级认证(初级)除90分钟的理论考试之外，还要考60分钟线上实操和10分钟线下实操，线上线下的实操成绩占总成绩的60%，具有举足轻重的作用。因此，实操考试需要学校提供符合最新行业技术、业务流程和考证要求的实践教学场所和实训资源。职业院校可依据自身场地条件建设实训室，满足学生长期实训操作需要，也可以校企合作、产教融合为载体，持续开展认知实习、顶岗实习等多种校外实习活动，或与企业共建教学、实训、培训和考核一体化的实践基地，协同研发体现“新技术、新工艺、新业务”等的优质教材，协同组建符合“项目式、模块化”教学需要的教学专业团队，一方面为企业培训员工提供便利，另一方面企业也可根据学生的表现进行实时评价，灵活调整人才培养方案，通过形成多方互惠互利、共赢的合作关系，提高人才培养的针对性和适应性。

（五）构建多元化的人才质量评价体系

“1+X”证书制度的多维性不仅要求职业院校实现人才培养模式的革新，也要改变以往考核形式单一、不合理的现状，重构科学全面的人才质量评价体系。除了依据“1+X”证书制度职业技能标准、中职院校物流人才培养目标，职业院校还可以邀请物流企业专家、行业协会专家等加入人才评价体系全过程，根据专业基础课程及实践教学模块设置，共建以行业企业的需求、社会的需求和学生个人发展诉求相统一的多元化的人才评价体系，提高复合型技术技能人才培养的质量和效果。

（六）因校制宜设计学籍管理和学制管理

“1+X”证书制度下的学分转换机制，将带来学生学业进度及学籍管理的变化，职业院校应积极与教育性质部门沟通，统筹考虑，稳妥推进学籍管理模式、学制管理模式等方面的改革创新，根据学生学业进度快慢，科学设计弹性化的学籍管理和学制管理，以适应复合型技术技能人才培养需求。同时认真做好学生“X”证书有关的学习成果认定，通过学分银行转换相应学历教育学分，鼓励学生努力获取职业技能等级证书，掌握扎实的专项技能，拓展专业外的兴趣爱好，满足学生多元化发展需要。

四、总结

“1+X”证书制度是我国在新时期为适应经济社会发展进行的教育制度改革。通过国家层面的统一部署和顶层设计，构建统一的育人标准和职业技能标准，实现学历证书和职业技能证书的有效融合。中职院校在培养物流管理类专业人才时，应结合“1+X”证书的职业技能要求，在充分调研的基础上，从课程体系构建、师资队伍建设、实训基地建设、人才评价重设、学籍学制管理等方面进行改革，在培养学生正确的价值观和提高职业技能的同时，增强学生面向发展、面向未来的终身学习能力。

参考文献：

［1］国务院关于印发国家职业教育改革实施方案的通知[EB/OL].[2023-06-01]. https://www.gov.cn/zhengce/content/2019-02/13/content_5365341.htm?wm=9207_0001.

［2］北京中物联物流采购培训中心.物流管理职业技能等级标准（2021年2.0版）[EB/OL].[2023-06-01].https://www.doc88.com/p-07339684048827.html.

［3］闫金龙，李焱.“1+X”证书制度下的职业院校人才培养模式改革的重点与方向选择[J].焦作师范高等专科学校学报，2021（3）：57-61.

基于信息技术的心理健康多媒体平台建设

赵　毅

摘　要：当前，职业教育正处在迅速发展的变革之中，对心理健康教育在育人中的作用也越发重视。中等职业学校目前开设的心理健康教育课程形式较为单一，缺乏信息技术条件下深化课程改革的实效。本文从信息化技术的背景出发，充分发挥信息技术、互联网和大数据平台资源的作用，拓展心理健康教育的外延建设，积极探索在信息化技术辅助下切实可行、行之有效的心理健康教育体系，对于提高学校整体教学水平和推进德育课程改革均有着积极的意义。

关键字：职业教育　心理健康　信息技术　实践应用

一、研究的目的与意义

随着信息化技术的不断成熟和发展，以信息技术为基础的现代教育平台，在教育中发挥着巨大的作用，并逐渐成为一种新的教育方式和手段。上海市教委与各大、中、小学都高度关注和积极推广信息技术在实践教学和校园管理中的应用。基于信息技术和互联网的现代教育载体和平台，丰富和拓展教学的外延，激发学生的学习兴趣和学习自主性，给学生提供了科学的学习方式，在改革和创新教育教学方法上进行了积极的探索。

信息技术的高速发展，带来了整个社会的变革，促进了社会生产力的极大发展，它影响和改变着我们的工作和生活。如何积极利用信息技术的优势，从信息化技术的背景出发，以信息技术条件下的课程改革为核心，充分发挥信息技术、互联网和大数据平台资源的作用，打破传统教学模式单一及教与学脱节的局限，建立综合性的信息化课程教学平台，将理论知识与实践经验有机整合、课堂授课与课后辅导有机关联、传统教学模式与信息化教学模式有序对接，深化课程改革的内涵，对于提高学校整体教育教学水平及推进德育课程改革有着积极的意义。

二、心理健康多媒体平台的实践设计

以多媒体计算机和网络为主体的现代信息技术迅速发展,为心理健康教育工作拓展课程教学的外延提供了更加广阔的空间。目前，多媒体技术已经广泛地应用于教学领域，它对于激发学生的学习兴趣、端正学生的学习动机和提高学生的学习成绩有着积极的作用。学生可以在教师的指导下，通过多媒体设备进行课程的学习和测试，与传统依托于课堂授课的教学模式相比，多媒体信息技术综合运用了图片、动画和视频等元素丰富教学形式，使一些抽象难懂的知识通过学生自身的亲身体验和动手操作得以理解和熟悉。

让学生学会学习，掌握正确学习的方法，是职业学校课程改革的重要内容和育人目标。为了达到这个目标，在笔者所在学校开设的“心理健康”课程中，专门开辟了两大单元的课程内容进行讲解，涵盖“学习，我能行”“激发学习兴趣和动机”“掌握学习方法和策略”“学习能力大盘点”“积极应对学习压力”“学习的新概念”“在实践中学习”等课程环节，重点旨在教育和引导学生学会正确的学习方法并熟练运用，从而提升学生的学习效果，缓解学生学习压力。但在实践的教学过程中，课本知识面的局限性和课堂实践环节的欠缺，导致课程的开展效果不尽如人意。尤其是在“掌握学习方法和策略”和“学习能力大盘点”课程中，课堂授课方式的局限和实践环节直观体验的缺乏，导致学生未能充分掌握和领会知识，在记忆力、注意力和思维力等学习核心能力等方面缺乏可操作的经验。基于此，笔者以所在上海港湾学校为研究开发主体，与校外专业机构共同研究开发了“认知能力训练平台”，作为课程教学在实践环节的有益补充，提升课程教学的实效。

1.系统管理

教师在完成课堂教学任务后，如需让学生实践体验以便加深对课程知识的理解，需要通过系统管理员账号登录系统，设置训练方案难度管理、训练方案题目管理和训练套餐管理，按照学生实际情况和课程开展的进度，添加符合学生需求的相关训练套餐并发布。此外，通过组织机构管理和人员管理功能模块，教师可以在系统中新增班级信息和人员信息，为后续的学生操作和体验做好先期的数据准备工作（见图1、图2）。

图1　系统管理员登录界面

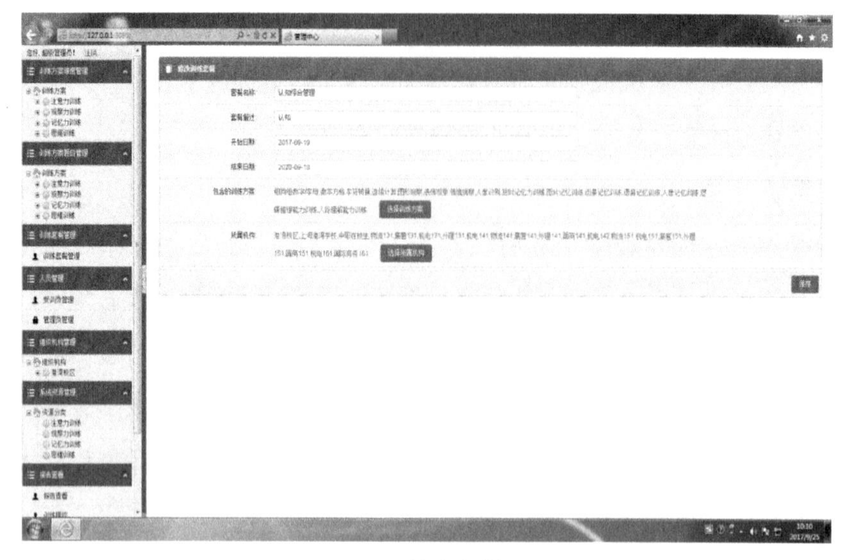

图2　训练套餐管理

2.认知训练

学生在登录“认知能力训练平台”后，根据教师发布的测试内容即可进行相应的体验（见图3）。为了尽量使系统运行有序，确保数据的准确性，在系统初始设置时，统一用学生的学号作为登录的用户名。登录成功后，界面显示个人信息、训练和报告查看按钮，主要功能分别是个人信息的修改、认知综合训练和个人训练报告查看。

目前开发的“认知能力综合训练平台”主要有4大块的训练内容，涵盖注意力训练、观察力训练、记忆力训练和思维训练，且每个训练任务都有不同的模式和难度阈值，可让使用者达到最高的训练效果。在具体的使用过程中，每个大的训练任务下还有若干子训练任务，学生可以根据自己的需求选择不同的训练模块进行测试，操作简易便捷（见图4）。

以注意力训练为例，选择相同组数字/字母的子训练模块，根据自身特点和学习情况，确定训练的难度指标即可开始训练。难度选择分为简单、正常和困难，依据不同的难度指标，训练时间和题目数量都会有所不同（见图5）。

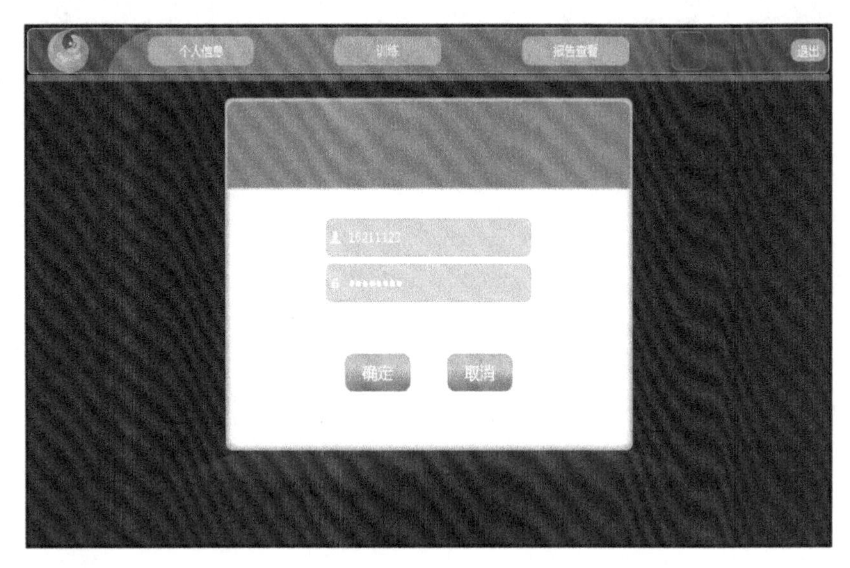

图3　学生登录界面

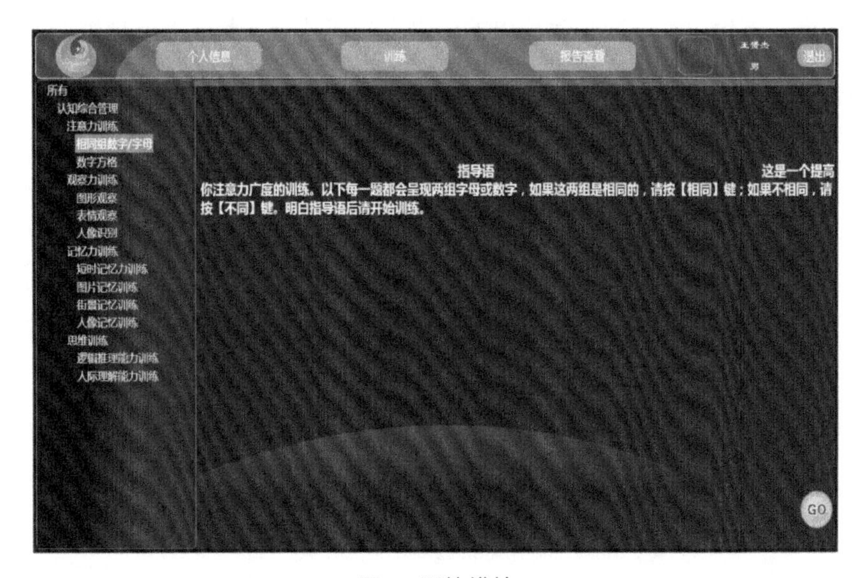

图4　训练模块

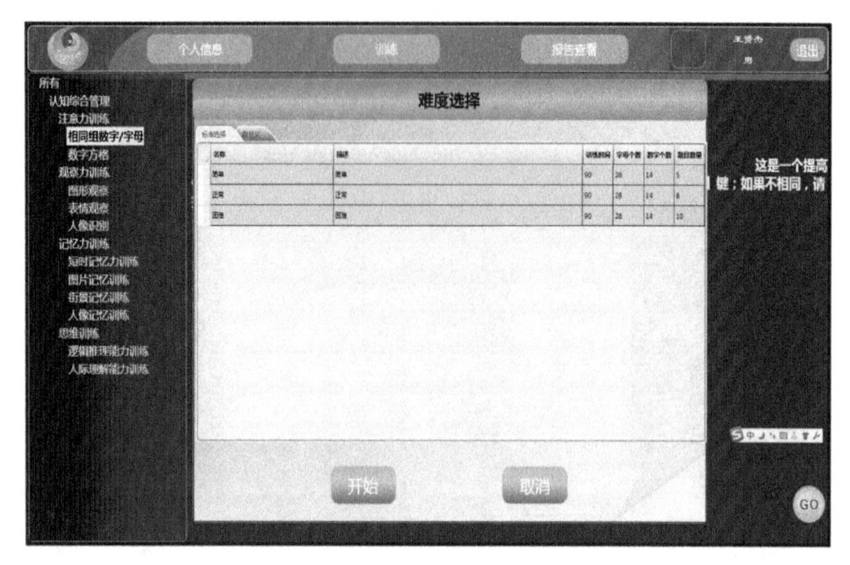

图5　难度选择

确定了训练的难度指标，根据系统的提示语，正式进入训练界面。在规定的时间内，学生根据系统平台给出的两组字母或数字，判断上下是否一致，并进行选择和提交（见图6）。如果在训练过程中，学生对所做训练不理解或有重新训练的需求，那么可通过重新开始功能进行恢复操作。

图6　相同组字母训练

“认知能力训练平台”中其余的训练模块，如观察力训练、记忆力训练和思维训练在提高学生的学习兴趣、帮助他们养成良好的学习方法等方面也有着积极的作用。教师可以根据实际需求，给予学生相应的训练和体验（见图7）。

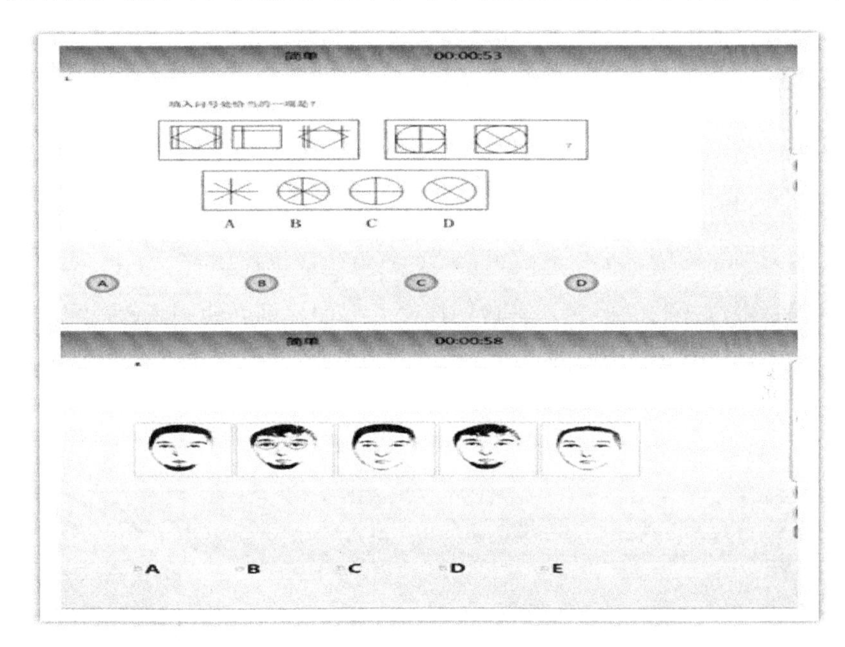

图7　观察力训练

三、基于信息技术的心理健康多媒体平台实践运用

前文对信息技术在心理健康教学中的设想做了初步开发和设计，现将上海港湾学校机电161班学生作为多媒体平台的实际使用者，进行具体运用和说明，实践论证项目的可行性。

在心理健康课程开展到“学会学习”和“有效学习”篇章时，笔者在课堂教学中，重点就如何掌握正确的学习方法和学习技巧给学生做了详细的讲解，并对教材中孙浩考试前突击复习，学习过程中死记硬背却始终记不住，导致最后成绩不合格的例子进行分析。在随后的总结中，笔者强调了学习的正确方法，从心理学原理出发，教会大家如何正确记忆，提高学习的效率，并邀请大家课后来学校的心理中心实践体验和训练，以加深对课程知识的了解和掌握。学生反响热烈，机电161班的不少同学当日就参与了实践训练。在给学生做测试前，笔者再次介绍了记忆的过程，强调了靠死记硬背和临时性的记忆不能使所记信息真正地进入记忆系统，在没有充分复习的情况下会产生遗忘。因事先在系统管理平台中已导入了该班全体学生的信息，学生通过统一认证的学号即可直接进入测试界面。笔者给学生体验了记忆力训练和注意力训练测试，学生在选择难度阈值后，按照提示语的指导，认真完成平台所给出的训练题目。以短时记忆力训练为例，平台先给出w8wcn数据字段供使用者记忆，按照所选难度的不同，经过短暂的停顿，平台切换交互界面，询问使用者g是否出现在刚才给出的字段中，由使用者选择（见图8）。以此类推，直到完成全部题目并提交后训练结束。

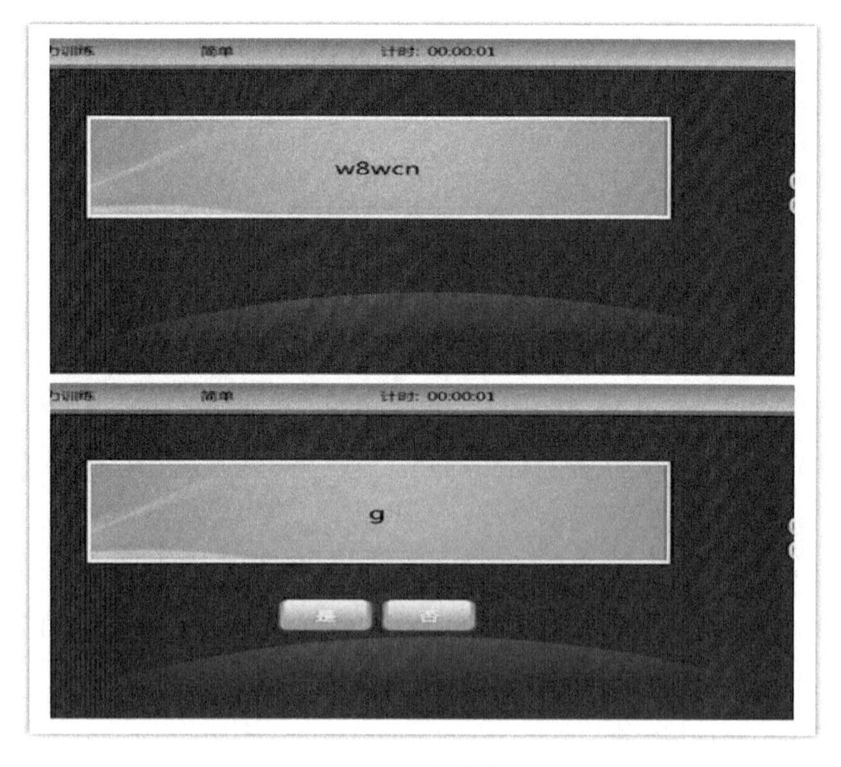

图8　短时记忆训练

再以记忆力训练之街景记忆训练为说明，系统平台先给出一个图片，让使用者记忆图片中的相应信息，不同的难度选择显示不同的停顿时间。界面转换后，系统平台提问刚才图片中的具体信息，由使用者回忆刚才出现的信息并提交答案（见图9）。

图9　街景记忆训练

学生完成测试后，在教师的指导下，通过报告查看功能获取自己的测试结果，并由教师对报告内容进行详细的解释说明（见图10）。报告集成了训练方案、难易程度、套餐名称、状态、起始时间、总反应时间、平均反应时间、正确数、正确率、错误数、遗漏数和遗漏率等数据内容，对学生的测试内容进行了较为详尽的记载。相对于传统意义上教师课堂教学中理论知识点过多和实践体验较少的现象，多媒体的“认知能力训练平台”因为有着交互性强和趣味性高等优点，成了课程教学的好帮手。

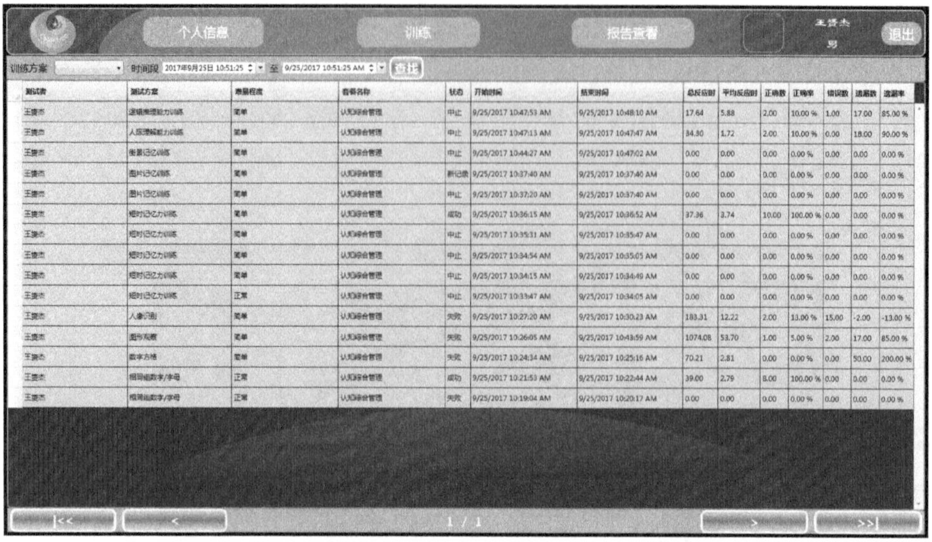

个人信息　训练　报告查看　王赞杰 男　退出

训练方案　时间段 2017年9月25日 10:51:25 至 9/25/2017 10:51:25 AM 查找

测试者	测试方案	难易程度	套餐名称	状态	开始时间	结束时间	总反应时	平均反应时	正确数	正确率	错误数	遗漏数	遗漏率
王赞杰	逻辑推理能力训练	简单	认知综合管理	中止	9/25/2017 10:47:53 AM	9/25/2017 10:48:10 AM	17.64	5.88	2.00	10.00 %	1.00	17.00	85.00 %
王赞杰	人际理解能力训练	简单	认知综合管理	中止	9/25/2017 10:47:13 AM	9/25/2017 10:47:47 AM	34.30	1.72	2.00	10.00 %	0.00	18.00	90.00 %
王赞杰	街景记忆训练	简单	认知综合管理	中止	9/25/2017 10:44:27 AM	9/25/2017 10:47:02 AM	0.00	0.00	0.00	0.00 %	0.00	0.00	0.00 %
王赞杰	图片记忆训练	简单	认知综合管理	新记录	9/25/2017 10:37:40 AM	9/25/2017 10:37:40 AM	0.00	0.00	0.00	0.00 %	0.00	0.00	0.00 %
王赞杰	图片记忆训练	简单	认知综合管理	中止	9/25/2017 10:37:20 AM	9/25/2017 10:37:40 AM	0.00	0.00	0.00	0.00 %	0.00	0.00	0.00 %
王赞杰	短时记忆力训练	简单	认知综合管理	成功	9/25/2017 10:36:15 AM	9/25/2017 10:36:52 AM	37.36	3.74	10.00	100.00 %	0.00	0.00	0.00 %
王赞杰	短时记忆力训练	简单	认知综合管理	中止	9/25/2017 10:35:31 AM	9/25/2017 10:35:47 AM	0.00	0.00	0.00	0.00 %	0.00	0.00	0.00 %
王赞杰	短时记忆力训练	简单	认知综合管理	中止	9/25/2017 10:34:54 AM	9/25/2017 10:35:05 AM	0.00	0.00	0.00	0.00 %	0.00	0.00	0.00 %
王赞杰	短时记忆力训练	简单	认知综合管理	中止	9/25/2017 10:34:15 AM	9/25/2017 10:34:49 AM	0.00	0.00	0.00	0.00 %	0.00	0.00	0.00 %
王赞杰	短时记忆力训练	正常	认知综合管理	中止	9/25/2017 10:33:47 AM	9/25/2017 10:34:05 AM	0.00	0.00	0.00	0.00 %	0.00	0.00	0.00 %
王赞杰	人像识别	简单	认知综合管理	失败	9/25/2017 10:27:20 AM	9/25/2017 10:30:23 AM	183.31	12.22	2.00	13.00 %	15.00	-2.00	-13.00 %
王赞杰	图形观察	简单	认知综合管理	失败	9/25/2017 10:26:05 AM	9/25/2017 10:43:59 AM	1074.08	53.70	1.00	5.00 %	2.00	17.00	85.00 %
王赞杰	数字方格	简单	认知综合管理	失败	9/25/2017 10:24:34 AM	9/25/2017 10:25:16 AM	70.21	2.81	0.00	0.00 %	0.00	50.00	200.00 %
王赞杰	相同组数字/字母	正常	认知综合管理	成功	9/25/2017 10:21:53 AM	9/25/2017 10:22:44 AM	39.00	2.79	8.00	100.00 %	0.00	0.00	0.00 %
王赞杰	相同组数字/字母	正常	认知综合管理	失败	9/25/2017 10:19:04 AM	9/25/2017 10:20:17 AM	0.00	0.00	0.00	0.00 %	0.00	0.00	0.00 %

|<<　<　1 / 1　>　>>|

图10　训练报告查看

四、实施效果和反思

随着信息技术的迅猛发展和心理健康教育工作者的努力创新,基于信息技术的各类心理健康教育与教学平台应用于学校心理健康工作成为一种趋势,有力地推动了心理健康教育事业的发展。依托信息技术的辅助与实际应用，改变了传统教学模式中教师唱独角戏的现象, 不仅增加了教学的趣味性，更充分调动了学生学习的积极性，使学生从被动学习转变为主动参与教学活动,成为教学环节的主体, 体现了以学生中心的教学理念。虽然信息技术应用于心理健康教育与教学中,有图、文、声、像并茂和趣味性高的优势,但同时也有一定的局限性。学校心理健康教育工作者不能盲目夸大信息技术和多媒体的作用，忽略了课堂教学中教师的主导性，不能为了信息技术的整合而整合，从而全盘否定与替换传统的教学方式和教学途径。

参考文献：

[1] 李刚,李峥艳. 利用信息技术促进中小学生心理健康教育初探[J].学周刊,2016(32)：95－96.

[2] 王霞,左红梅. 利用信息技术手段开展学校心理健康教育[J].山西科技,2008(3):60－61.

[3] 高建凤. 多媒体网络技术在心理学教学中的应用研究[J]. 考试周刊,2007(47):95－96.

智慧黑板在中职教学中的应用研究

张 峰

摘　要：随着新兴科技的发展、时代的变迁，传统的“先教后学”课堂模式已经不能满足现代要求，利用信息技术、借助智慧黑板辅助进行教学，成为提升课堂质量的重要手段。本文应用智慧黑板进行信息技术教学，从智能分析、多元融合出发，引导学生理解抽象规律、进行发散联想、实现自主建构，有效促进了信息技术课堂教学的发展，实现了智慧课堂的建构。

关键词：智慧黑板　信息技术　高效课堂

在信息化的教学环境下，智慧黑板是一种全新的教育载体，所呈现的功能特征比较突出。在开展教学的过程中，教师需要重点加强智慧黑板的使用，并对具体的授课环境进行改良和创新，让学生拥有良好的学习条件，让学生在智慧黑板的支持下更加自由地完成对物理知识的深入探索，从而保证学生所形成的知识体系和对课程内容的掌握更加扎实、完善。

智慧黑板采用电容触控技术将传统的手写黑板和多媒体设备相结合，能够在课堂中实现多种教学方式的开展，已经成为当前较为前沿的教学技术之一。应用智慧黑板进行信息技术教学，可以提升学生的学习效果，有效建构信息技术智慧课堂。

一、智慧黑板概述及教学意义

智慧黑板是一种全新的教学载体，具体指在先进技术载体的支撑下，将传统的黑板与多媒体建立良好的融合关系，并构建智能化的教学载体。智慧黑板在实现课程内容直观性展示的同时也能够实现基础知识内涵的有效剖析，深入讲解，从而保证所构建的教学环境更加规范。在中职阶段，随着信息化革新进程取得显著的发展成效，教师需要对教学改革加强思想重视。智慧黑板在课堂教学中所呈现的教学效果和作用十分突出，能够实现教学环境的进一步优化和创新，在先进技术载体的支撑下为学生营造良好的学习氛围，全面提高学生的学习动力。同时，也能够让学生在智慧黑板的助力下对课程中的基础内容形成更加直观生动的理解，全面提高学生的学习效能。让学生产生良好的乐学意识，从而在今后的课程学习领域，表现得更加积极且富有活力。智慧黑板能够让课堂的整体教学效能和教学质量获得全面性的提升，促进课程实现深入的改革和发展。因此，为促进课程实现深入的发展，教师要重点加强智慧黑板的规范性使用，从而让整个课堂呈现出全新的面貌。

二、智慧黑板在中职教学中的应用分析

（一）在资源导入中的应用

在开展课堂教学的过程中，教师需要重点发挥智慧黑板的教学功能，针对资源导入环节进行优化创新。首先，根据课程具体的教学内容合理搜集课外相关的教学素材。将其作为重要的导入资源，对具体的导入教学环节进行优化设置，从而为学生营造健康快乐的学习氛围。让学生对课程的具体内容产生好奇心，并激发学生的学习动力，全面提高学生在专业课学习领域的主观能动性。例如，在教学“液压传动”时，教师可以有效利用电子课件（PPT）模块，为学生展示现实生活中的零件模型，并通过动画或图片的展示方式为学生营造直观生动的学习情景。之后，教师借助电子板书模块在课堂上展示“零件的传动规律”，通过绘制模型，让学生对各零配件之间的位置关系加以明确，从而让学生通过直观性的观察和深入的分析，加深对知识点的理解。

（二）在情景创立中的应用

在开展教学的过程中，教师需要注重情景的创设与优化，为学生提供良好的学习环境，让学生产生学的动力与热情，同时帮助学生有效进行思维发散和联想，使其形成良好的思维，促使学生对课程中所包含的基础内容加深理解。例如，在进行案例教学时，教师可以发挥智慧黑板的优势，将搜集好的有关学习资料进行直观展示。然后，在智慧黑板先进的技术载体助力下进行教学内容智能分析，从而保障学生在课堂上通过直观性的情景体验，加深对知识点的理解和感悟。同时，在智慧黑板的助力下合理创设情景，能够让学生产生学习上的动力和热情。

（三）在重点难点解析中的应用

在开展授课教学的过程中，教师需要针对课程重难点解析环节加强思想重视。教师可以利用直观展示和精准剖析的功能对重要的专业知识进行深入分析，让学生在观察和学习的过程中能够对相关的专业知识加深理解。同时，这也能够缓解部分课程枯燥的学习气氛，避免学生产生负面情绪。

（四）在例题解析中的应用

在例题解析环节，教师可以有效发挥智慧黑板的功能优势,通过直观生动的展示，为学生提供具体的例题资源。然后，分析例题所具有的解题思路和实际的解题方法，让学生在直观观察和感受的过程中加强对解题规律的认知与理解，保证学生能够在今后的习题训练领域有效地利用自身所掌握的方法和技巧，对实际问题进行合理分析。同时，教师也可以通过智慧黑板的方式为学生呈现相关的习题训练，引导学生通过智慧黑板自主操作完成相关解题并直观展示解题成果，然后带领其他学生就解题中出现的错误进行纠正与指导，帮助学生形成良好的学习习惯。

（五）在教学评价中的应用

在开展中职课堂教学的过程中，教师需要充分发挥智慧黑板在教学评价中的作用，并对具体的工作体系进行创新。首先，将学生的作业，或者在课程探究实验中的具体成果表现，进行微课程资源的整合，并在智慧黑板的支持下进行直观呈现。之后，教师针对学生的作业反馈情况，以及真实的探究表现进行合理的评价。针对学生在课堂学习过程中存在的不规范之处进行有针对性的指导和评价，从而让学生能够掌握正确的方法，全面提高学生的综合学习水平。

三、智慧黑板在中职课堂教学中的应用思考

（一）加强智慧黑板功能发掘与整合

在今后利用智慧黑板开展中职课堂教学的过程中，教师需要本着创新与改革的原则，积极开发智慧黑板所具有的功能，并将多个功能模块进行有效整合，构建综合性系统性的教育活动体系。教师要为学生营造更加新颖的学习环境，激发学生的学习热情，同时也为学生的思维发散与能力养成提供良好的环境条件。在基础功能开发的过程中，教师还要重点加强智慧黑板联网功能的发掘，从而为学生提供更加丰富广泛的学习素材，加强教育载体和空间的优化与创新，让学生拥有良好的学习环境，以此来激发学生在课堂上的学习积极性。

（二）加强教师自身信息化素养建设

在智慧黑板实际应用的过程中，教师需要从自身做起，加强信息化思想的有效建设，从而发挥自身的专业优势,对物理课程进行合理的规划与设计，保证所构建的课堂环境更加规范，将智慧黑板所具有的助学功能进行有效发挥。作为教师，需要围绕智慧黑板这一全新的教育载体，就相关的基础知识进行自主探索与学习，并结合实际课程的教学要求、学生的实际表现，以及在兴趣情感

认知方面的具体需求，加强教育方法和载体的创新与拓展。不仅如此,任课教师在使用智慧黑板开展课程教学的过程中，需要不断地总结经验，分析自身在智慧黑板实践应用过程中所存在的局限性问题，并结合实际情况积极探索科学有效的教育方法和举措。

（三）加强智慧黑板与其他载体的融合

在借助智慧黑板开展课堂教学的过程中，教师需要将其与其他现代化的教育载体进行有效的融合，构建更加系统的课程体系，实现课程信息化改革进程的深入落实。同时，教师要保证课程的教学环境和教育功能能够得到有效优化，让学生在全新的课堂环境下通过直观观察和深入体验，实现课程内容的自主探究。这不仅能够帮助学生有效掌握课堂知识的重点和难点，也能够促使学生在今后的学习领域形成良好的现代化观念，自主开发和利用现代化的学习资源和载体，实现课程的自主探索与深入探究。例如，教师可以将智慧黑板与微课视频、白板技术等多种现代化教育载体建立有效的衔接关系，从而保证整个课堂充满现代化的特征与面貌，进而有效吸引学生的注意力，让物理课堂在多种先进教育载体的支持下实现高效落实，保证整个课堂教学效能更加突出。教育载体的融合使得学生能够在有限的课堂时间内掌握物理知识，实现学生知识储备的有效建设，促使学生在优秀的环境下实现学习潜能的进一步激发，进而形成良好的学习品质，养成良好的学习习惯。

四、研究结论

通过运用智慧黑板，可以有效提升学生的学习效率和学习效果，实现信息技术智慧课堂的构建。智慧黑板是一种新型强大的教学工具，各个学科都应当重视智慧黑板的运用，为课堂教学插上翅膀，同时也为学生的学习提供强大辅助。

随着信息化改革的趋势日渐突出，各类先进的教学载体应运而生。智慧黑板是一种全新的技术载体，在课堂教学中所发挥的作用十分突出。在中职教育领域为保证课堂的授课更加高效，教师需要注重智慧黑板的开发利用，将其合理地应用到各个阶段的教学工作当中，加强智慧黑板在资源导入、情景创设、重难点解析及教学评价中的应用，从而保证所构建的管理体系更加智能化、现代化，所呈现的教育效果更加突出。

参考文献：

[1] 王颖.初中信息技术学科核心素养的培养策略研究[J].天津教育,2020 (12): 134-135.

[2] 徐兵.初中物理智慧化课堂教学模式探究 [J] .科学咨询(教育科研), 2018(11):64.

[3] 李娜. 计算机技术在中职计算机信息化教学改革中的应用[J]. 信息记录材料, 2020,21(11):123-124.

[4] 陈宇君. 信息化教学资源在中职教学改革中的应用探析[J]. 科技风, 2018(16):48-49.

基于实训基地资源的物流管理专业实训项目设计思考

姚国梁

摘　要：实践教学在物流管理专业的职业教育中起着举足轻重的作用，科学合理的实训项目设计是实践教学的重点和难点。当前，大多数职业院校基本都具有本校的实训基地，但是在实际的运用过程中，却难以充分发挥实训资源的效用。针对此问题，本文提出基于实训基地资源进行实训项目设计的思路和做法，让实训需求和实训基地资源有效对接，形成更加合理的实训机制。

关键词：实训基地　实训项目　物流管理

一、引言

随着国家对职业院校重视程度的提升和社会对技能型人才需求量的增加，实践教学成为职业院校人才培养的关键环节。各院校都在瞄准市场需求，适时调整实训教学，办出专业特色，办出教学质量。当前，大多数院校的物流管理专业具有较丰富的校内实践教学资源，但是在实训项目设计方面却出现了种种不合理现象，不利于发挥现有资源的应有作用，更不利于技能型人才的培养。

二、物流管理专业开展校内实训存在的问题

（一）很大程度上服务于理论教学

不少实训项目的设计是基于理论教学知识。为了强化学生对理论知识的理解而进行相应实训项目的设计，这样的设计观念看似合理，却很难形成系统的实践教学体系，很难对学生进行系统性的技能训练，这与职业教育的人才培养方案和教育理念相悖。

（二）着重强调提升学生的单项或专项技能

在实际实训过程中，为了提升学生的单项或专项技能的训练，设计的实训项目内容简单、形式单一，简单验证性的实训项目会比较多，学生很容易失去兴趣，不利于学生综合素养的培养和创新能力的提升。

（三）实训项目与实训资源不能有效匹配

部分院校实训基地的实训资源利用率不高，功能未能充分发挥，甚至存在设备处于闲置状态的情况。分析其原因，实训项目的设计与实训资源未能有效匹配，教师没能够深入地进行基于校内实训基地资源的项目开发。学生到实训基地参观居多，对物流设施设备仅有一个基本的认知，而不能转化为操作技能和素养提升。

三、基于实训基地资源的实训项目设计

（一）设计原则

实训项目设计要充分考虑专业人才培养方案，结合不同教学时段和技能训练要求，设计贴近课程和实训基地资源现状的实训项目，不断构建完善的实训教学体系，并根据专业实际开展情况和市场需求，定期进行更新和优化调整。

具体包括以下原则。

1.基于市场的原则

学生要面向社会、面向市场，其在校阶段，就要有机会学习企业所要求的必备技能和相应素养。实训教学的项目设计，一定要将这些技能融合进去，让学生不断训练，逐渐掌握。

2.整体性原则

实训项目应该进行整体性设计，而不是让项目彼此孤立，或是仅仅基于某一门课程。每学期的实训项目之间必须具有严格的内在联系，总体服务于学生的综合技能素养。整体性能够很好地发挥实训项目的效用，降低重复率和资源浪费。

3.从简单到复杂

实训项目一定要从简单到复杂、从单项到综合进行设计。通过简单易操作的项目，逐步吸引学生的实训兴趣，并通过技能比赛等形式，激发学生的实训热情并建立自信心。通过复杂、综合性的实训项目，提高学生在创新和解决问题方面的综合素养。

4.可持续性

实训项目是服务于实训教学的，而实训教学是基于市场需求的。当市场对学生相关技能提出新的要求时，校内实训教学的实训项目也要及时进行调整，以满足这种需求，培养出更多的满足社会和企业需求的技能型人才。

5.形式多样性

实训项目可以是现场实操，也可以是电脑仿真模拟，具体根据校内的实训资源而定；还可以齐头并进，更好地提升实训效果。

（二）基于实训基地资源的实训项目设计

1.基于实训基地资源的模块化实训项目设计

物流管理专业进行实训项目设计时，要基于当前市场对学生技能的需求和该专业相应课程的业务流程，同时由于该专业不同课程内容会有一定的重复，所以在项目设计时，应基于实训基地资源进行模块化项目设计。

如物流概论和物流信息技术两门课程中都有讲到条形码的识读、PDA使用等实训需求。在进行实训项目设计时，就要合理区分，处理好实训内容，避免造成教学资源冲突和浪费。

2.基于实训基地资源的分学段实训项目设计

学生对物流知识的掌握大概分为三个阶段：从认知物流基本知识到操作物流设备再到应用物流知识。我们可以充分结合这三个阶段，进行相应的实训项目设计，更好地满足学生实训需求。

首先，再认知阶段，可以依据校内实训资源，进行物流设施设备认知的项目设计，物流相关技术认知的项目设计，货物的储存、养护技术认知的项目设计，货物的分类及属性认知的项目设计。可通过相应实训室内的实训软件或实体设施设备来实现。

其次，针对物流设备的操作及物流知识的应用，根据校内实训资源进行有效的项目设计。如在物流企业经营沙盘模拟实训室内，让学生进入一个仿真的企业环境，并参与物流的运作环节，学习认识如何经营物流企业。通过角色扮演，并进行分析决策，培养学生的创新思维和企业运作能力；通过仓储配送实训室，让学生很好地理解立体仓储的强大功能，学会操作里面的设备，如仓储设备、控制系统及辅助设备；通过物流信息实训室，提高学生对物流信息软件的应用水平，可以开展仓储信息管理、运输及配送信息管理、合同管理、货运代理等。

四、基于实训基地资源的单项和综合实训项目设计

对物流供应链流程中不同节点的业务进行分解，针对每个业务设计出单项的实训项目。通过该项目的训练，不断提升学生对企业岗位的熟识度。这些项目可以用于物流管理专业各课程的实训教学，如物流配送实务课程中涉及的基

本模块有货物的入库作业、货物的分拣和配货、配送路线的制定和优化、配送车辆的配装等，物流信息技术课程中涉及的实训模块有无线射频系统操作、计算机辅助拣货系统操作等,仓储管理课程涉及的实训模块有货物的分区分类、货物的堆码、货物的盘点、库存的控制等。

物流管理专业进行的综合技能实训主要有生产认知实习、校内实训教学、校外实习等。此外，我们主要设计基于校内实训资源的业务流程更加复杂、涵盖范围更加广泛的综合性实训项目。

此类项目的设计更为复杂，能够更好地训练学生分析问题、解决问题的能力；考查学生的工作效率的高低，以及在质量与成本控制、文明安全生产等方面的素养。比如全国职业院校物流技能大赛、世界技能大赛等赛事中都有相应的实训考核项目。

五、结束语

基于实训基地资源对物流管理专业进行实训项目设计，有利于科学合理利用各院校实训资源，整体构建物流管理专业实训教学体系；有利于高质量培养学生的专业技能，更好地满足社会企业的需求。通过整体项目设计，督促教师深入研究开发更科学的实训项目，进而也可以促进职业院校改善实训教学条件，从而进一步提升教学育人质量。

参考文献：

[1] 单喆煜.高等职业院校物流管理专业校内实训项目开展研究[J].物流工程与管理,2015(2):98-99.

[2] 胡瑞义.基于“项目化”实践教学的“实训项目”优化设计[J].科技创新导报,2017(33):206-207.

职业院校实训室6S精细化安全管理探索

周　圆　宗爱芹

摘　要：对于理工科学生来说，在校不但要掌握扎实的理论专业知识，同时到实训室进行科学研究也是必不可少的环节。科学研究是对未知事物、未知现象和未知规律的探索过程，具有很大的不确定性，操作过程中可能会发生安全事故，如火灾、药品中毒、爆炸、触电等。这些事故不仅会造成国家的巨大经济损失，还会使科研成果毁于一旦，甚至会造成人身伤害，影响学生的学业和生活。在实训室的日常维护中，如何运用6S精细化管理？在实训的过程中，如何避免安全事故的发生？事故发生以后，如何选择正确的处理方法，将事故损失降到最低？这些问题都需要我们了解安全事故发生的基本原理和规律，掌握预防事故发生的技能。

关键词：实训室安全　防火与灭火　电气安全　6S管理　网络监控

一、实训室基本特点及现状

上海海事大学实训室建设遵循布局合理、规模适当、高效运行和可持续发展的原则。实训室的建设有利于实践教学活动的开展和学生职业能力、职业素养的培养，同时推动学生综合素质和创新能力的培养，进一步对产学研合作、社会服务产生积极影响。

港湾校区的实训室主要分布在实训楼和教学楼。实训室功能较为齐全，设备种类繁多，仪器贵重且精密；涉及电气方面的实训器械较多，实训条件也比较复杂；并有极个别易燃、易爆或有毒物质；实训室使用人员集中且流动性大。实训室在日常教学、对外培训、社会服务等方面发挥了很大作用。每年的中小学生体验日，实训室要接待成百上千的学生及家长进行参观学习和交流。

二、往年高校实训室安全事故典型案例分析

（一）火灾

火灾主要包括电气火灾和化学药品火灾等。

2004年扬州某大学农学院实训室着火，散发出一种难闻的气味，整个楼道中弥漫着浓浓的黄烟，让人喘不过气。事后查明原因主要为实训室通风口一开关老化，遇潮湿发生短路。

2005年北京某大学化学系实验楼发生火灾。某硕士生在实训室做实验，离开实训室时搅拌器仍在工作中，2小时后实训室冒烟起火。操作台、空调和药品完全被烧毁。此次事故原因主要为电子搅拌器长时间使用引起电线短路所致，所幸无人员伤亡。

（二）电击

电流通过人体后，会对人体的头部、脊髓、中枢神经、心脏等人体组织和器官造成伤害，严重时会导致死亡。主要原因有触电、雷电电击和电气设备的故障。

学生如对强弱电没有特别强的概念，用湿手触碰某些电源开关，也极易造成触电。有些学生有过手麻的感觉，就是差点要触电的感觉，极其危险。

（三）爆炸

主要发生在含易燃易爆物品和压力容器等的实训室。爆炸极易引起火灾，两者有着同等危害。

2015年徐州某大学化工学院的实训室发生爆炸，造成1人死亡、4人受伤。

爆炸原因主要为：违规配置实验用气，对甲烷混合气的危险性认识不足。

2018年北京某高校实训室发生爆炸，事故造成3名学生不幸被烧死。爆炸原因为：使用搅拌机对镁粉和磷酸搅拌，在反应过程中，料斗内产生的氢气被搅拌机转轴处金属摩擦、碰撞产生的火花点燃爆炸，继而引发镁粉粉尘云爆炸，爆炸引起周边镁粉和其他可燃物燃烧。

（四）中毒

这种事故多发生在存有化学药品和剧毒物品的化学、化工生化实训室和具有毒气排放的实训室。往往与以下情况有关：操作者操作时不戴手套，与皮肤接触；有毒物质的气体通过呼吸道进入人体；更有甚者，在实训室进食的，毒物通过口腔进入人体。

（五）实训室安全事故发生的主要原因

综上所述，发生了安全事故，无论是经济上还是情感上，很多损失都无法挽回。归纳起来，发生这些事故主要有以下5个原因：

（1）设备老化，或者设备的使用环境较为恶劣；

（2）操作者责任心不强，或者违规操作；

（3）对实训结果预计不足，且缺乏稳妥的应对措施；

（4）实训室的安全设施缺乏，如气瓶没有统一供气、气瓶没放在气瓶柜中等；

（5）安全意识薄弱、管理制度执行不到位，如废弃的药品随意丢弃；剧毒、易制毒化学品和爆炸品没有严格执行管理制度。

三、6S精细化管理在实训室中的应用

6S精细化管理是由日本的5S管理发展而来。所谓6S管理，是指对生产现

场各生产要素（人员、机械、材料、方法、环境等）所处的状态不断进行有效管理的方法，其内容为整理（Seiri）、整顿（Seiton）、清扫（Seiso）、清洁（Seiketsu）、素养（Shitsuke）和安全（Safety）。

实训室6S精细化管理通过推行整理、整顿、清扫来强化管理，用清洁巩固效果，从而使人员养成习惯和素养，最终达到实训室安全零事故的总目标。推行6S管理要经历3个阶段:准备阶段、制度阶段和实施阶段。

（一）准备阶段

1.建立6S精细化管理推进组织

实训室在学校领导的宏观管理、统筹规划、综合协调下，结合实训室实际，建立了6S管理制度。该制度主要包括负责6S管理工作的整体规划、确定重点改善项目、协调资源、对重点难点问题进行开会研讨等。

2.制定6S精细化管理推行计划并适时宣传和培训

6S推进组织成立之后，需要由推进小组负责编制推行计划。6S推行计划要根据实训室的具体情况、人员的具体分工、任务现实要求等方面情况执行。6S管理是一项系统工程，其所包含的6个要素不是孤立的，需要同步推进，协调兼顾。在推行的过程中，要明确各项目的时间节点、标准要求、检查措施及整改方案。

同时，通过开展6S理念宣传、知识培训、动员部署、标准学习、推行计划讲解等多种形式的宣传和培训，使相关管理人员明白6S管理的意义、具体内容和推行方法，促使他们从内心认同6S管理理念，从行动上支持6S管理的局面。

（二）制度阶段

1.确定6S精细化管理制度

根据实训室6S精细化管理需要，制定了6S管理管控制度、检查和考评制度、实训室清洁制度等相关制度。推行定期检查制度，对各实训室现场的管理进行定期检查、限期整改，并在整改期限到达后对整改情况进行再检查，形成“检查—整改落实—再检查”的闭环机制。

2.搭建高效的沟通平台

在当今信息化时代，充分借助互联网手段，建立6S管理推行微信群，以及进行全程24小时网络监控是十分有必要的。网络监控系统是由不一样的功能模块互相结合所组成的一种系统技术，这些不同模块之间复杂的组合可以满足不一样的使用条件，适应性强，根据管理对象的管理需求进行适当改进就可以随时使用。网络监控技术可以将监控数据进行集中或分散管理，很好地避免数据出现错误的现象，保证数据保密性，而管理人员想对监控数据进行查询操作时，只需要输入关键词或关键时间，就可以对具体数据进行全面查询，同时可以降低工作人员的工作强度，使得信息双向互通，达到高效交流的目的。

（三）实施阶段

1.整理（Seiri）

某些实训室设备多、工具多、备件多、样品多，经过长时间积累，造成了库房空间紧张，实训室布局凌乱。通过整理活动，清理出非必需品，如废旧工装夹具、过期样品等，可以极大规整作业空间。

2.整顿（Seiton）

如PLC实训室，结合整顿活动，将设备区、库房进行统一整理，将设备操作规程和实训室安全管理等规定上墙，张贴设备状态指示牌，并将设备计量证书及维护保养记录放在醒目的位置。对设备及备品备件（如万用表）上货架分区域放置，对强电、弱电实训设备进行分区处理，并悬挂相应的标识标牌。通过可视化管理，使实训室现场分区、设备、备品备件及设备运行状态等要素一目了然。

3.清扫（Seiso）

在整理、整顿的基础上，需要的东西马上就能取得，但是被取出的东西要能正常使用才行，而达成这样的状态就是清扫的第一目的。各类实训室在清扫的过程中，按照自身工作的阶段特点制订计划，统筹协调好部门日常工作、检测任务及6S精细化推行工作，明确重点环节与重点区域，严格按照设备表面无积尘、无油污和实训室环境无杂物的标准落实。

4.清洁（Seiketsu）

清洁有“不要放置不用的东西、不要弄乱物品、不要弄脏环境”的“三不要”要求。实训室通过性能和地理位置划分设备管理责任制，责任到人，定期或不定期组织检查，切实维护清扫的成果，使得实训室环境得到改善。

5.素养（Shitsuke）

通过教育引导、检查督促、文化引领等方式，努力将行为向习惯转变。例如，鼓励学生从小事做起，进入实训室自觉穿戴防护装置，在实训室内部按照人行通道标识线行走，在实训室禁食，以及不喝有色饮料等。

6.安全（Safety）

实训室现场主要存在应急消防通道堵塞、管线老化、违规操作、维保过期等安全隐患，通过全员的、无死角的整理、整顿、清扫，先后整改消除安全隐患，在有较大安全风险的区域如强电房、配电柜、车间实训室等的周边增设安全标识，结合实训过程中存在的问题制定安全应急预案。通过这些工作，实训室的设备安全、人员安全及生产安全的隐患和风险都有效降低。

四、结语与展望

对于经常在实训室工作的人员，必须不断提高其安全意识。不仅要掌握丰富的安全知识，还要严格遵守操作规程和规章制度，加强安全工作制度、安全管理责任制度、安全宣传教育制度及校园安全信息报送制度建设。时刻保持警惕，保证预防措施可靠，事故就可以避免。通过重、特大安全事故应急预案，及突发公共事件应急预案，在发生事故后处理得当，就可以将损失降到最低。

在平时的教学中，也要时刻提醒学生注意安全，切不可大意。

我们要全面贯彻党的教育方针，以职业院校评估要求为基本目标，积极适应我国职业教育改革和发展对实训的要求，改革实训室管理体制，强化教育资源优化配置和共享，达到全面提高实训室管理水平和运行绩效水平的目的，为培养学生的业务操作技能、职业能力、分析问题和解决问题能力及创新能力提供良好条件。

参考文献：

[1] 刘婷瑜.高职院校检测实训室6S管理方法探究[J].山东化工,2021(23):186-188.

[2] 冯超华,朱岸东,黄晓虹.高校实验室安全管理工作的实践与探索[J].化工管理,2020(22):116-118.

[3] 黄克让,卢涛,崔永健,等."6S"管理模式在高校大型仪器共享平台管理中的应用探讨[J].科技资讯,2022,20(5):87-89.